Gestión del estrés y trabajo bajo presión. CTRR0014

Elsa Rubio Duce

ic editorial

Gestión del estrés y trabajo bajo presión. CTRR0014
© Elsa Rubio Duce

1ª Edición

© IC Editorial, 2025

Editado por: IC Editorial
c/ Cueva de Viera, 2, Local 3
Centro Negocios CADI
29200 Antequera (Málaga)
Teléfono: 952 70 60 04
Fax: 952 84 55 03
Correo electrónico: iceditorial@iceditorial.com
Internet: www.iceditorial.com

ISBN: 978-84-1184-580-9
Depósito Legal: MA 148-2025

Impresión: PODiPrint
Impreso en Andalucía – España

Nota de la editorial: IC Editorial pertenece a Innovación y Cualificación S. L.

Especialidad formativa

Se entiende por especialidad formativa la agrupación de contenidos, competencias profesionales y especificaciones técnicas que responde a un conjunto de actividades de trabajo enmarcadas en una fase del proceso de producción y con funciones afines.

Las especialidades formativas de Uso General, Formación Complementaria, Formación Modular y las especialidades formativas dirigidas a la obtención de certificados de profesionalidad se incluyen en el Fichero de Especialidades del Servicio Público de Empleo Estatal para su gestión en todo el territorio nacional por cualquier Administración competente.

Las especialidades complementarias, pertenecen todas a la Familia profesional de Formación Complementaria (FCO) y tienen la consideración de formación transversal en áreas que se consideran prioritarias tanto en el marco de la Estrategia Europea para el Empleo y del Sistema Nacional de Empleo como en las directrices establecidas por la Unión Europea. Se consideran áreas prioritarias las relativas a tecnologías de la información y la comunicación, la prevención de riesgos laborales, la sensibilización en medio ambiente, la promoción de la igualdad, la orientación profesional y aquellas otras que se establezcan por la Administración competente.

Las especialidades de Certificado de profesionalidad tienen una duración especificada en su normativa reguladora.

En el resultado de la búsqueda, se muestran las unidades de competencia, todos los módulos formativos con su duración y las unidades formativas del certificado correspondiente, con su duración. Las horas del certificado, exclusivo de las especialidades de certificado de profesionalidad, con alta igual o superior a 2008, son las horas totales más las horas del módulo de Prácticas Profesionales no Laborales.

- ⮕ **Si la especialidad tiene unidades formativas,** las horas totales, presencial, distancia, teleformación serán igual a la suma de esas horas de las unidades formativas de los distintos módulos, sin que se repita ninguna Unidad formativa.

● **Si la especialidad no tiene unidades formativas,** las horas totales, presencial, distancia, teleformación serán igual a las sumas de esas horas de los módulos formativos, eliminando las horas de los módulos repetidos.

https://sede.sepe.gob.es/especialidadesformativas/RXBuscadorEFRED/BusquedaEspecialidades.do

(Fuente: Servicio Público de Empleo Estatal)

Índice

OBJETIVOS GENERALES

Los objetivos generales del **CTRR0014. Gestión del estrés y trabajo bajo presión,** son los siguientes:

⮑ Desarrollar en los participantes habilidades y estrategias efectivas para identificar los factores que generan estrés en el trabajo, identificar sus propias reacciones ante el estrés y aplicar técnicas encaminadas a la prevención y manejo del estrés, con el fin de mejorar su bienestar emocional, físico y mental, su desempeño laboral y su capacidad de adaptación a situaciones de alta exigencia en el entorno laboral y fomentar un ambiente laboral saludable.

⮑ Proporcionar una comprensión conceptual sólida sobre el estrés, con el fin de desarrollar habilidades y estrategias efectivas para gestionar el estrés en el ámbito laboral.

⮑ Proporcionar las herramientas y estrategias generales necesarias para comprender, prevenir y manejar de manera efectiva el estrés laboral y el síndrome de *burnout* en entornos de trabajo exigentes, tanto a nivel individual como organizacional, promoviendo un entorno saludable y sostenible que contribuya al bienestar y al éxito profesional de los empleados.

⮑ Proporcionar las herramientas y habilidades necesarias para aprender y aplicar técnicas de relajación y *mindfulness* como estrategias efectivas para gestionar el estrés y cultivar la atención plena en entornos laborales exigentes.

Conceptualización del estrés

Contenido

Objetivos

El objetivo general de esta unidad de aprendizaje es:

→ Proporcionar una comprensión conceptual sólida sobre el estrés, con el fin de desarrollar habilidades y estrategias efectivas para gestionar el estrés en el ámbito laboral.

Los objetivos específicos de esta unidad de aprendizaje son:

→ Definir el concepto de estrés y comprender sus componentes emocionales, cognitivos y fisiológicos, diferenciando el estrés positivo (eustrés) del estrés negativo (distrés).

→ Identificar y analizar las tres fases del estrés (alarma, resistencia y agotamiento) y sus cambios asociados a nivel fisiológico y psicológico.

→ Reconocer las principales causas y efectos del estrés en la salud física, mental y emocional, destacando su impacto en el ámbito laboral.

→ Comprender la relación entre activación y rendimiento, aplicando los principios de la Ley de Yerkes-Dodson para identificar niveles óptimos de estrés.

→ Diferenciar el estrés de la ansiedad, identificando las características distintivas de ambos fenómenos y su repercusión en el desempeño laboral.

→ Explorar aproximaciones teóricas del estrés (estímulo, respuesta y transaccional) para desarrollar una perspectiva integral sobre este fenómeno.

→ Aplicar los conocimientos adquiridos para diseñar estrategias básicas que permitan abordar situaciones de estrés cotidiano en el entorno laboral.

→ Comprender la dinámica del estrés desde la perspectiva del modelo transaccional y aplicar estrategias de afrontamiento a una situación laboral estresante.

→ Identificar cómo las tres fases del estrés (alarma, resistencia y agotamiento) se manifiestan en un entorno laboral y plantear estrategias para prevenir su progresión.

1. Introducción

El estrés es un fenómeno omnipresente en la vida moderna que influye en cómo respondemos a los retos del entorno personal y profesional. Aunque se menciona con frecuencia en conversaciones cotidianas, su verdadera naturaleza sigue siendo compleja. Desde sus raíces científicas, el estudio del estrés ha revelado un sistema intrincado de respuestas emocionales, físicas y mentales que afectan directamente a nuestra capacidad de funcionar y rendir.

El concepto de estrés se aborda desde varias perspectivas: como estímulo externo, como respuesta fisiológica y emocional, o como una interacción dinámica entre ambos según la aproximación transaccional. Además, distinguir entre eustrés (positivo) y distrés (negativo) resulta clave para comprender cómo afecta al rendimiento, en relación con la ley de Yerkes-Dodson, que establece que un nivel óptimo de estrés puede mejorar la productividad.

También se deben explorar las causas del estrés, sus efectos en el cuerpo y la mente, y cómo diferenciarlos de la ansiedad. Este conocimiento es esencial para gestionar el estrés y transformar su impacto de manera efectiva, tanto en el ámbito personal como profesional.

Imaginemos a Manuel, un operario de 38 años que trabaja en la línea de ensamblaje de Fábricas Unidas S. L. Manuel se enfrenta a una jornada de alta demanda. Lleva en este puesto casi una década y ha sido testigo de cómo las demandas del trabajo han ido incrementándose en los últimos años debido a la automatización parcial de los procesos y a los objetivos de producción, cada vez más estrictos. Un nivel controlado de estrés puede impulsarlo a ser más productivo y cumplir con las expectativas; sin embargo, si las presiones laborales aumentan de manera excesiva, podrían desencadenarse consecuencias físicas y emocionales negativas.

2. Los orígenes del estrés

 HILO CONDUCTOR

Los orígenes del estrés que sufre Manuel pueden relacionarse con factores históricos y evolutivos. Su respuesta ante la presión no es más que un reflejo de un mecanismo que le ha permitido adaptarse y sobrevivir frente a desafíos laborales.

Los **orígenes del estrés** se remontan a momentos clave de nuestra evolución, ligados al desarrollo de **mecanismos de supervivencia** que se han perfeccionado a lo largo del tiempo. En sus formas más primitivas, el estrés representaba una **respuesta biológica** robusta ante amenazas del entorno, por lo que resultó crucial para la evolución y permanencia de las especies. Para entender el estrés en su contexto actual, es necesario analizar sus raíces desde diferentes ramas:

- **Perspectiva biológica:** en épocas prehistóricas, las respuestas al estrés eran desencadenadas por amenazas físicas inminentes, como depredadores, que exigían una reacción inmediata: la respuesta de "lucha o huida". Durante este proceso, se liberaban hormonas como el cortisol y la adrenalina, con lo que aumentaba la frecuencia cardíaca, la presión arterial y la respiración, para preparar al cuerpo frente al peligro. Estas respuestas fueron clave para la supervivencia en entornos hostiles.
- **Aportes de la psicología:** estudios como los de Hans Selye definieron el estrés no solo como una respuesta fisiológica, sino también como una percepción subjetiva. Factores como las experiencias infantiles o la resiliencia determinan nuestra capacidad para manejar el estrés.
- **Perspectiva sociocultural:** las respuestas al estrés varían entre culturas: mientras algunas priorizan la paciencia, otras valoran la acción inmediata. Las narrativas culturales influyen en cómo se racionaliza el estrés y se incorpora en las filosofías de vida.

A medida que las comunidades humanas se hicieron más complejas, surgieron nuevas presiones relacionadas con **la cohesión social, la lucha por liderazgo, la gestión de recursos y la protección del territorio.** Con el desarrollo de **estructuras sociales** y las primeras civilizaciones, las fuentes de estrés incluyeron la gestión agrícola, los cambios climáticos y las guerras, aunque todas activaban las mismas respuestas biológicas.

 **RECUERDA**

La respuesta de "lucha o huida" es una de las bases del estrés en su forma más primitiva. Aunque hoy en día no nos enfrentamos a depredadores, nuestro cuerpo sigue activando estas mismas reacciones frente a los desafíos modernos.

La Revolución Industrial marcó un punto de inflexión en las fuentes de estrés: los traslados masivos a ciudades, los trabajos mecanizados y los días laborales prolongados generaron nuevas presiones. Con la tecnología y el avance científico, el estrés adoptó formas más sutiles pero omnipresentes. Aunque las amenazas físicas disminuyeron, surgieron **alarmas emocionales frente a peligros percibidos,** lo que tuvo una repercusión en la estabilidad emocional.

3. Concepto de estrés

👉 HILO CONDUCTOR

Para comprender cómo afecta el estrés a Manuel es esencial definir qué es este fenómeno. En su caso, el estrés no solo se manifiesta como una respuesta emocional o física, sino como una interacción constante entre los desafíos del entorno laboral y su capacidad para afrontarlos. La automatización parcial de los procesos en Fábrica Unidas, sumada a los objetivos de producción más estrictos, ha incrementado la presión diaria sobre Manuel, quien ahora debe atender tareas que requieren mayor precisión y rapidez.

El **estrés** es una respuesta natural del cuerpo y la mente ante cualquier demanda, desafío o amenaza. Este fenómeno, ampliamente estudiado en los campos de la psicología, la biología y las ciencias sociales, tiene un impacto profundo en la **salud humana** y en nuestra capacidad de adaptación.

El estrés se manifiesta tanto en el cuerpo como en la mente, involucrando una interacción entre factores **fisiológicos, psicológicos** y **sociales.** Estas respuestas pueden ser adaptativas o disfuncionales, dependiendo de la intensidad y la duración del estímulo estresante:

- **Respuestas fisiológicas.** El cuerpo reacciona al estrés activando la respuesta de lucha o huida. Este proceso implica una serie de cambios biológicos: la liberación de hormonas como la adrenalina y el cortisol, que aumentan la frecuencia cardíaca, elevan la presión arterial y modifican el metabolismo; el incremento en el flujo sanguíneo hacia músculos y órganos vitales, y la supresión de funciones no esenciales, como la digestión, para concentrar energía en la supervivencia inmediata.
- **Respuestas psicológicas.** En el plano mental, el estrés está relacionado con la percepción subjetiva de los eventos estresantes. El modelo de Richard Lazarus propone que el estrés surge de un proceso bidimensional:

la apreciación primaria (evaluación de una situación como amenazante o desafiante) y la apreciación secundaria (valoración de los recursos disponibles para enfrentarse a la situación).

- **Respuestas sociales.** El entorno social también desempeña un papel crucial en la experiencia del estrés. Algunos factores, como el aislamiento, la discriminación o la falta de apoyo social, pueden exacerbar la sensación de vulnerabilidad. Las culturas también varían en su enfoque del estrés: algunas priorizan la acción rápida, mientras que otras fomentan la paciencia y la introspección.

Factores como la **personalidad,** las **experiencias previas** y la **resiliencia** influyen en cómo se percibe y se maneja el estrés. Un individuo con un enfoque más positivo puede considerar un desafío como una oportunidad, mientras que otro podría verlo como una amenaza insuperable.

El estrés no se experimenta de manera uniforme, sigue un ciclo que Hans Selye denominó el **"síndrome de adaptación general".** Este ciclo consta de tres **etapas:**

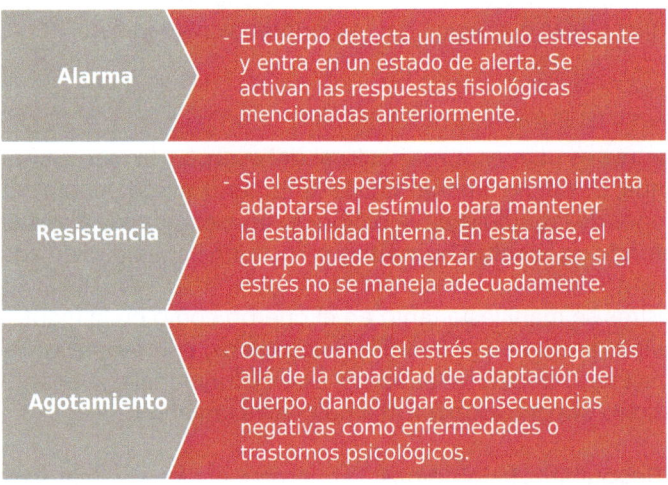

Alarma
- El cuerpo detecta un estímulo estresante y entra en un estado de alerta. Se activan las respuestas fisiológicas mencionadas anteriormente.

Resistencia
- Si el estrés persiste, el organismo intenta adaptarse al estímulo para mantener la estabilidad interna. En esta fase, el cuerpo puede comenzar a agotarse si el estrés no se maneja adecuadamente.

Agotamiento
- Ocurre cuando el estrés se prolonga más allá de la capacidad de adaptación del cuerpo, dando lugar a consecuencias negativas como enfermedades o trastornos psicológicos.

 **RECUERDA**

Reconocer las fases del estrés puede ser útil para intervenir antes de alcanzar el estado de agotamiento.

No todo el estrés es dañino. Según su impacto en el individuo, puede clasificarse en dos **tipos:**

- ⤳ **Eustrés (positivo):** este tipo de estrés actúa como un motor motivacional, ayudando a las personas a superar retos y alcanzar objetivos. El eustrés impulsa la creatividad, mejora el rendimiento y fomenta el desarrollo personal. Un ejemplo común es el estrés experimentado antes de un evento importante, como una presentación o un examen, que lleva al individuo a prepararse y dar lo mejor de sí mismo.
- ⤳ **Distrés (negativo):** cuando el estrés supera la capacidad de manejo de una persona, se convierte en distrés. Este tipo de estrés puede generar consecuencias negativas, como ansiedad o depresión, y problemas físicos como hipertensión. El distrés es común en situaciones de alta presión laboral o personal, en las cuales no existen suficientes recursos para afrontar el desafío.

Por otro lado, el estrés puede originarse en diversos ámbitos de la vida. Los más comunes son:

> **Ámbito personal**
> - Problemas familiares o de pareja, responsabilidades económicas, crisis de salud, etc.

> **Ámbito laboral**
> - Según el modelo demanda-control de Robert Karasek, el estrés laboral se incrementa cuando las demandas del trabajo son altas y la autonomía o el control sobre el trabajo es bajo.

> **Ámbito social**
> - Estigmatización y discriminación, desigualdad económica, pérdida de redes de apoyo, etc.

NOTA

Los estresores pueden ser crónicos (se acumulan con el tiempo) o agudos (se generan de forma súbita e inesperada).

Para gestionar el estrés de manera efectiva, es fundamental adoptar estrategias adaptadas a las necesidades individuales:

- **Físicas:** incorporar ejercicio regular, mantener una dieta equilibrada, asegurar un sueño reparador.
- **Psicológicas:** practicar técnicas de relajación como la meditación, desarrollar habilidades de resiliencia, organizar el tiempo para reducir la sobrecarga de tareas.
- **Sociales:** construir y mantener redes de apoyo, buscar ayuda profesional en situaciones de estrés crónico.

 **RECUERDA**

Estrategias como el ejercicio, la meditación y el fortalecimiento de redes sociales pueden ser clave para mitigar los efectos del estrés y prevenir sus consecuencias a largo plazo.

3.1. Aproximación del estímulo

La **aproximación del estímulo** se refiere al proceso mediante el cual los individuos reconocen, interpretan y responden a estímulos estresantes en su entorno. La capacidad de aproximación del estímulo se apoya en una **serie de factores,** que incluyen experiencias previas, contexto cultural, factores personales y sociales, así como el estado emocional y físico del individuo en el momento del evento estresante.

Desde una perspectiva psicológica, la **teoría de Lazarus y Folkman** sobre la evaluación cognitiva juega un papel crucial en la aproximación del estímulo. Según esta teoría, las personas evalúan los estímulos en dos etapas:

- **Evaluación primaria.** La evaluación primaria es un juicio inicial sobre el impacto potencial del estímulo. El individuo determina si es una amenaza, un desafío o un beneficio. Esta evaluación inicial puede ser consciente o automática y está influenciada significativamente por las experiencias pasadas, las expectativas y las creencias personales del individuo.

⮑ **Evaluación secundaria.** La segunda etapa, la evaluación secundaria, implica analizar los recursos disponibles para enfrentarse al estímulo y determinar las posibles estrategias de afrontamiento. En esta fase, el individuo considera sus habilidades, el apoyo social, el tiempo disponible y otros recursos que puede utilizar para manejar la situación. Estos análisis influyen en el nivel de estrés percibido, ya que una persona que siente que tiene los recursos adecuados para manejar un estímulo estresante puede experimentar menos estrés que alguien que se siente incapaz de hacerlo.

Factores como la **personalidad,** las **creencias** y las **expectativas** desempeñan un papel significativo en cómo un individuo percibe y responde a los estímulos estresantes.

 EJEMPLO

Una persona con una alta puntuación en neuroticismo puede estar más inclinada a interpretar estímulos ambiguos como amenazas, mientras que una persona con una orientación más positiva puede ver el mismo estímulo como un desafío manejable.

La resiliencia, el optimismo y el locus de control son otras características personales que influyen en la forma en que los individuos procesan el estrés. Una estrategia útil en la aproximación del estímulo es el uso del **enfoque en la solución de problemas:** el individuo, al percibir un estímulo estresante, se enfoca en identificar aspectos controlables del evento y buscar posibles soluciones.

Desde el **punto de vista fisiológico,** el cuerpo humano responde a estímulos estresantes a través de un complejo sistema de respuestas hormonales y neuronales, que se diseña para preparar al cuerpo para un enfrentamiento o una fuga. Esta cadena de reacciones culmina con la liberación de cortisol por las glándulas suprarrenales en la sangre, lo cual ayuda al cuerpo a movilizar energía y a estar alerta.

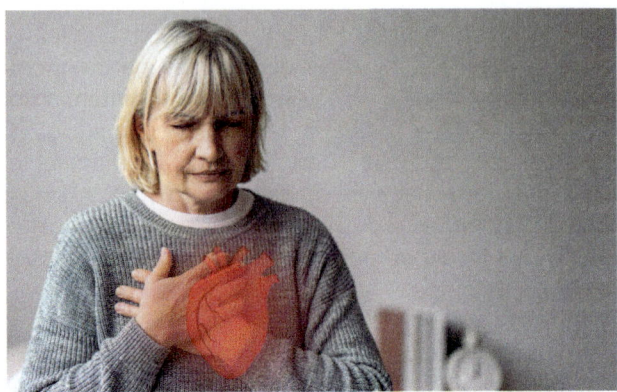

El estrés puede causar, a la larga, problemas cardiovasculares.

La **interacción entre los aspectos cognitivos y fisiológicos** en la aproximación del estímulo destaca la importancia de entender el estrés como un **fenómeno complejo y multifacético.** La tarea de aproximación del estímulo no solo ayuda a identificar y evaluar los estresores, sino que también ofrece una oportunidad para diseñar e implementar estrategias efectivas de gestión del estrés.

3.2. Aproximación de la respuesta

La **respuesta al estrés** se refiere a una serie de cambios fisiológicos, psicológicos y conductuales que ocurren cuando un individuo se enfrenta a una amenaza percibida. Cuando una persona percibe un estímulo como amenazante, los procesos cognitivos juegan un papel crucial en la interpretación de la amenaza y la elaboración de estrategias de afrontamiento. Un factor determinante es la **percepción de control sobre la situación.** Cuando un individuo siente que carece de control, es más probable que experimente niveles más altos de estrés.

 **EJEMPLO**

Una carga de trabajo excesiva podría ser percibida como menos estresante si el individuo tiene la libertad de priorizar tareas y organizar su propio tiempo.

Las respuestas emocionales al estrés son variadas. Incluyen sentimientos de ansiedad, frustración, enojo y tristeza. Estas emociones pueden llevar a **cambios conductuales,** como la evitación de situaciones estresantes, la procrastinación o el uso de sustancias como una forma de escapar temporalmente de la presión.

Las estrategias de afrontamiento son fundamentales para la gestión eficaz del estrés. Estas pueden dividirse en tres **categorías principales:**

Enfoque en el problema
- Buscan alterar o eliminar la fuente del estrés. Un ejemplo sería la negociación de plazos de entrega más manejables en un entorno laboral.

Centrada en la emoción
- Intentan modificar la experiencia emocional del estrés, a menudo a través de técnicas de relajación como la meditación o el yoga.

Estrategia de evasión
- Se centran en evitar o negar el problema, lo cual, aunque inicialmente puede parecer útil, tiende a ser menos efectivo a largo plazo, pues no aborda la causa raíz del estrés.

3.3. Aproximación transaccional

A diferencia de las teorías anteriores, que se centraban en las respuestas fisiológicas automáticas al estrés, esta aproximación incorpora una **perspectiva dinámica y multidimensional,** considerando el estrés como un proceso que implica una **interacción compleja entre el individuo y su entorno.**

El modelo transaccional, ampliamente reconocido hoy en día, fue propuesto inicialmente por Richard Lazarus en la década de 1960. Según Lazarus, el estrés no es una sola entidad ni evento, sino más bien un proceso que evoluciona a medida que se desarrolla la interacción entre la persona y la situación estresante.

En el corazón de la teoría transaccional se encuentra el concepto de evaluación cognitiva. Según Lazarus, cuando una persona se enfrenta a un potencial estresante, este desencadena un proceso de evaluación en el que el individuo analiza la situación en dos fases principales: la evaluación primaria y la evaluación secundaria.

La **evaluación primaria** es el proceso mediante el cual una persona determina si un evento es irrelevante, benéfico o estresante. Si es percibido como estresante, puede identificarse con ser una amenaza, un desafío o incluso una pérdida. Cada una de estas categorías implica distintas reacciones emocionales y físicas.

 EJEMPLO

Ante la venta de una empresa en la que alguien trabaja, un empleado podría evaluar primariamente este evento como una amenaza potencial a su estabilidad laboral y seguridad económica. Otro, sin embargo, podría verlo como un desafío emocionante que ofrece la oportunidad de crecimiento profesional.

Una vez que ha sido categorizada la situación como estresante, ocurre la **evaluación secundaria.** En esta etapa, la persona considera su habilidad y los recursos disponibles para enfrentarse al evento. Este pensamiento implica evaluar lo que uno puede hacer acerca de la situación, las probabilidades de éxito y las posibles consecuencias de sus acciones.

 EJEMPLO

Siguiendo con el ejemplo anterior, el primer empleado que percibe una amenaza podría considerar sus habilidades, experiencias previas y conexiones profesionales, para buscar empleo en otra empresa si es necesario. Así, podría valorar sus capacidades como suficientes para afrontar el desafío, disminuyendo el nivel de estrés experimentado.

Un aspecto crucial del modelo transaccional es su dinámico proceso, en el cual el estrés no es simplemente un resultado final, sino una **interacción continua y recíproca entre el ambiente y el individuo.** Esta interacción no solo se produce a nivel cognitivo, sino que también involucra aspectos emocionales, conductuales y fisiológicos.

Otra característica esencial del modelo transaccional es la noción de estrategias de afrontamiento, que son los esfuerzos cognitivos y conductuales que una persona utiliza para gestionar las demandas que son percibidas como estresantes.

Lazarus identifica dos grandes **categorías de afrontamiento:**

- **Afrontamiento centrado en el problema:** las estrategias enfocadas en el problema buscan modificar o eliminar la fuente de estrés. Estas estrategias son más efectivas cuando la persona percibe que tiene cierto control sobre la situación y puede hacer algo concreto para cambiarla.
- **Afrontamiento centrado en la emoción:** por otro lado, el afrontamiento centrado en la emoción implica manejar las respuestas emocionales al estrés, más que intentar cambiar la situación estresante en sí misma. Esto podría incluir buscar apoyo social, practicar técnicas de relajación o cambiar la interpretación de la situación a través de un reencuadre cognitivo.

EJEMPLO

Continuando con el ejemplo del empleado, si siente ansiedad y falta de control sobre la venta de la empresa, podría buscar apoyo emocional en amigos y familiares, o participar en actividades de ocio que le permitan relajarse y desconectar.

El **reencuadre cognitivo** es una técnica de afrontamiento en la que se reinterpretan las situaciones para cambiar su significado emocional. Es una herramienta vital en el afrontamiento del estrés en este marco teórico. Un individuo puede reaprender a interpretar una crisis como una oportunidad de crecer, lo que puede reducir significativamente la sensación de estrés.

El modelo transaccional también pone un fuerte énfasis en la disponibilidad de **recursos personales y sociales** para la gestión del estrés. Esto incluye habilidades personales, redes sociales de apoyo y recursos económicos. Por ejemplo, la existencia de un fuerte sistema de apoyo social, como amigos cercanos y familia, puede proporcionar no solo apoyo emocional, sino también asesoramiento práctico que puede facilitar la implementación de estrategias de afrontamiento centradas en el problema.

El enfoque transaccional ofrece **aplicaciones prácticas** significativas para la gestión del estrés en diversos contextos, incluyendo el ámbito laboral, educativo y clínico. Por ejemplo, podemos observar su aplicación en programas de salud ocupacional, en los que se introducen talleres de manejo del estrés que enseñan técnicas para mejorar la evaluación cognitiva, identificar redes de apoyo y desarrollar habilidades de resolución de problemas.

 TAREA 1

Un gerente de proyectos se enfrenta a un cambio significativo en su lugar de trabajo, debido a la implementación de un nuevo sistema de gestión. Este cambio incluye procesos más complejos y una curva de aprendizaje pronunciada para él y su equipo. Durante una reunión inicial, el gerente evalúa este cambio como una amenaza, debido a la presión por cumplir con plazos ajustados mientras aprende el nuevo sistema. Sin embargo, durante la segunda evaluación, reconoce que tiene experiencia previa en adaptarse a nuevos sistemas, un equipo altamente capacitado y acceso a recursos de capacitación proporcionados por la empresa.

Según la aproximación transaccional, ¿cómo influye la evaluación primaria en la percepción inicial del estrés en este escenario? ¿Qué estrategias de afrontamiento centradas en el problema y en las emociones podrían ser útiles para este gerente?

4. Las tres fases del estrés: alarma, resistencia y agotamiento

 HILO CONDUCTOR

Cuando Manuel se enfrenta a una jornada intensa, su cuerpo pasa por tres fases características del estrés. En la fase de alarma, al recibir indicaciones de que la producción va con retraso, su organismo activa una respuesta fisiológica para

Continúa en página siguiente >>

<< Viene de página anterior

afrontar el desafío: aumenta la frecuencia cardíaca y la concentración. Si la presión persiste, entra en la fase de resistencia, buscando mantener un ritmo constante para cumplir con las metas diarias. Sin embargo, si estas demandas superan su capacidad de adaptación, llega la fase de agotamiento, que se manifiesta en dolores musculares, fatiga y errores recurrentes.

Las tres **fases del estrés** (alarma, resistencia y agotamiento) representan un **ciclo sistemático y progresivo** del cuerpo ante la presencia de un agente estresor. Estas fases fueron descritas por el endocrinólogo Hans Selye, quien detalló cómo el cuerpo responde al estrés mediante un proceso gradativo que, de no ser gestionado, puede tener consecuencias significativas tanto en la salud física como mental.

La **fase de alarma** es la respuesta inicial del cuerpo ante la percepción de una amenaza. Esta fase es también conocida como la reacción de "lucha o huida", un mecanismo de supervivencia primitivo. El ciclo de la fase de alarma se puede desglosar en varias **etapas clave,** que describen cómo el cuerpo responde ante una amenaza percibida:

- ⮑ **Percepción de la amenaza.** Esta es la etapa inicial, donde el cuerpo detecta un estímulo potencialmente peligroso. El sistema nervioso autónomo, específicamente el sistema nervioso simpático, se activa inmediatamente. El cerebro, a través del hipotálamo, envía señales de alerta al resto del cuerpo. Ejemplo: un conductor detecta que otro vehículo se acerca rápidamente hacia él.
- ⮑ **Activación del sistema hormonal.** El cuerpo inicia una cascada hormonal que prepara al organismo para reaccionar de manera rápida y efectiva. Las glándulas suprarrenales liberan adrenalina y cortisol. La adrenalina incrementa la frecuencia cardíaca, eleva la presión arterial y mejora el flujo sanguíneo hacia los músculos. El cortisol incrementa la disponibilidad de glucosa en sangre para proporcionar energía inmediata. El propósito es garantizar que el organismo tenga los recursos necesarios para enfrentarse al peligro o escapar de él. Ejemplo: el conductor siente un aumento en su ritmo cardíaco, toma el volante con firmeza y frena o gira rápidamente para evitar la colisión.
- ⮑ **Preparación para la respuesta de "lucha o huida".** En esta etapa, el cuerpo se encuentra listo para ejecutar una acción inmediata. El organismo prioriza las funciones vitales para la supervivencia, redirigiendo energía y recursos hacia los músculos. Funciones no esenciales, como la digestión, se ralentizan o se detienen temporalmente. Esta preparación

es clave para responder a amenazas agudas de manera eficaz. Ejemplo: el conductor esquiva el vehículo a tiempo y evita el accidente.

- **Impacto del uso recurrente.** Aunque la fase de alarma es esencial para la supervivencia, su activación frecuente puede resultar en efectos adversos. El cuerpo permanece en un estado constante de hiperalerta, lo que lleva a desgaste físico y psicológico. Los niveles elevados de cortisol, si se sostienen en el tiempo, pueden afectar el sistema inmunológico y aumentar el riesgo de enfermedades crónicas. Ejemplo: un conductor que se enfrenta al tráfico intenso y peligroso diariamente puede desarrollar ansiedad o problemas cardiovasculares.

La **fase de resistencia** es la siguiente y se caracteriza por las siguientes **etapas:**

- **Persistencia del estresor:** en esta fase, el estresor sigue presente. El cuerpo deja de estar en estado de alarma para intentar adaptarse y mantener la homeostasis. El organismo continúa produciendo cortisol y otras hormonas del estrés, aunque en niveles moderados. Los signos físicos de estrés persisten, pero el cuerpo lucha por estabilizarse.
- **Impactos fisiológicos:** durante la resistencia, las demandas sostenidas sobre el cuerpo empiezan a generar efectos negativos: presión arterial elevada por la liberación continua de cortisol, riesgo de problemas cardiovasculares debido al estrés crónico, el sistema inmunológico comienza a debilitarse progresivamente.
- **Adaptación percibida:** aunque el individuo siente que está manejando el estrés, su cuerpo sigue operando bajo una condición prolongada de tensión interna. Hay sensación de control aparente, mientras las reservas del cuerpo disminuyen lentamente. Este estado puede prolongarse si no se toman medidas correctivas.
- **Prevención de la progresión:** es crucial identificar los síntomas tempranos de esta fase para evitar llegar al agotamiento.

Finalmente, si el estrés se mantiene y el cuerpo no puede seguir en la fase de resistencia, se entra en la **fase de agotamiento.** Aquí, los recursos de defensa del cuerpo se agotan completamente, con lo que resulta en un desgaste físico y emocional significativo. Sus **fases** son:

- **Incapacidad para mantener la resistencia.** Cuando los recursos fisiológicos y emocionales del cuerpo se agotan, se entra en esta fase. El cuerpo ya no puede mantener la respuesta de resistencia. Aparecen signos de desgaste físico y psicológico.
- **Consecuencias fisiológicas.** El estrés prolongado comienza a manifestarse en problemas graves de salud: disfunción del sistema

inmunológico, que aumenta la vulnerabilidad a infecciones; desarrollo o agravamiento de enfermedades crónicas, como diabetes o hipertensión; y problemas relacionados con el sueño, como insomnio crónico.

- **Consecuencias psicológicas.** En esta fase, el impacto emocional y mental se vuelve evidente: la ansiedad y la depresión son comunes, la sensación de desesperanza y pérdida de autoestima, la incapacidad para lidiar con situaciones cotidianas.
- **Impacto en el funcionamiento general.** La fase de agotamiento afecta a todas las áreas de la vida del individuo: reducción de la capacidad para enfrentarse a nuevos desafíos, deterioro de las relaciones interpersonales, falta de motivación para continuar con las tareas diarias.
- **Intervención crítica.** Para abordar esta etapa, se requiere una combinación de estrategias inmediatas y a largo plazo: intervención profesional (terapia psicológica o psiquiátrica), descanso (reducir la carga de trabajo y priorizar el tiempo de recuperación), red de apoyo (contar con amigos, familiares o grupos de apoyo).

TAREA 2

El gerente de un equipo de desarrollo tecnológico observa que sus empleados están experimentando altos niveles de estrés debido a una sobrecarga de trabajo y plazos ajustados para completar un proyecto. Algunos miembros del equipo han reportado problemas de sueño y agotamiento físico, mientras que otros han mostrado un descenso en la calidad de su trabajo. El gerente quiere comprender cómo el estrés afecta al equipo y aplicar medidas efectivas para evitar que alcancen la fase de agotamiento.

Describe cómo las tres fases del estrés (alarma, resistencia y agotamiento) pueden manifestarse en los empleados durante un proyecto exigente. Propón medidas que el gerente pueda implementar para evitar que los empleados alcancen la fase de agotamiento.

5. Estrés positivo (eustrés) y negativo (distrés)

☞ HILO CONDUCTOR

En el caso de Manuel, el estrés puede actuar como un aliado en situaciones controladas, motivándolo a trabajar con precisión y productividad bajo presión, lo que se conoce como eustrés. Por ejemplo, cuando el supervisor le asigna una tarea urgente, Manuel redobla esfuerzos para cumplir con el objetivo a tiempo y experimenta una sensación de logro al terminarla con éxito. Sin embargo, si esta presión se vuelve constante y las pausas son insuficientes, el estrés puede transformarse en distrés, deteriorando su desempeño y generando irritabilidad, errores y una sensación de sobrecarga.

No todo el estrés es perjudicial; de hecho, nuestra capacidad para sobrevivir y prosperar depende de una respuesta equilibrada al estrés. Así, el estrés puede clasificarse en dos formas distintas: **el estrés positivo o eustrés y el estrés negativo o distrés.**

El término **eustrés** se deriva del prefijo griego *eu-*, que significa 'bueno' o 'bien', y *estrés.* Este tipo de estrés se asocia con **factores estimulantes y constructivos** que propician el crecimiento personal, la motivación, la creatividad y la eficacia. El eustrés nos desafía a expandir nuestras capacidades, mejorar nuestras habilidades y lograr metas.

👁 EJEMPLO

Un ejemplo claro de eustrés es la sensación de emoción que se experimenta al afrontar un nuevo desafío laboral, como liderar un proyecto importante o cambiar de puesto a uno con mayores responsabilidades. Este tipo de estrés nos brinda la energía y el enfoque necesarios para emprender nuevas iniciativas.

En contraste, el **distrés** es el término asignado al estrés perjudicial que afecta negativamente a la salud física y emocional. El prefijo *dis-* indica dificultad, malestar o adversidad. Esta forma de estrés surge cuando las **demandas de una situación exceden nuestra capacidad de afrontamiento,**

lo que provoca reacciones negativas que pueden desembocar en problemas físicos como insomnio, hipertensión o enfermedades cardiovasculares,
y trastornos psicológicos como la ansiedad y la depresión. Este tipo de estrés se manifiesta al afrontar **situaciones amenazantes o fuera de control,**
como la presión de plazos imposibles de cumplir, dificultades financieras
prolongadas o conflictos interpersonales persistentes.

El distrés en el entorno laboral suele surgir al intentar afrontar situaciones
que se escapan de nuestro control.

Diversos **factores** determinan si la respuesta al estrés es constructiva o
destructiva:

- **Percepción personal.** La diferencia entre eustrés y distrés suele residir
  en cómo se perciben las circunstancias. Una misma situación puede ser
  vista como un reto emocionante (eustrés) o como una amenaza abruma-
  dora (distrés), dependiendo de la perspectiva individual.
- **Recursos y estrategias de afrontamiento.** La existencia de habilidades, recursos y un sistema de apoyo adecuado favorece la experiencia
  de eustrés, al permitir un manejo efectivo de las demandas. La ausencia
  o carencia de estos recursos puede inclinar la balanza hacia el distrés.
- **Duración y gestión del estrés.** Los momentos de eustrés tienden a ser
  breves y controlados, permitiendo períodos de relajación y recuperación, mientras que el distrés suele ser crónico y mal gestionado, sin momentos suficientes para recargar energías.
- **Equilibrio entre carga y capacidad.** Un equilibrio saludable entre los
  retos a los que nos enfrentamos y nuestras capacidades para abordarlos
  generalmente resulta en eustrés. Cuando el equilibrio se rompe y las demandas abruman nuestros recursos internos, se produce distrés.

Reconocer los distintos tipos de estrés y aprender a manejarlos eficazmente puede mejorar significativamente nuestra calidad de vida. A continuación, se presentan algunas **estrategias para fomentar el eustrés y reducir el distrés:**

- **Autoconocimiento.** Ser consciente de cómo reaccionamos al estrés y conocerse a uno mismo es vital para discernir entre oportunidades de crecimiento y factores de riesgo. El autoconocimiento nos permite identificar aquellas situaciones que generan eustrés y buscar formas de incluirlas en nuestra vida.
- **Establecimiento de metas claras.** Definir metas claras y alcanzables ayuda a canalizar el eustrés. Las metas proporcionan dirección y propósito, convirtiendo las situaciones estresantes en pasos motivadores hacia el logro.
- **Priorizar y planificar.** Organizarse para manejar las tareas y establecer prioridades puede evitar el acumulamiento de distrés. La planificación efectiva facilita la utilización eficiente del tiempo y los recursos, reduciendo la sensación de agobio.
- **Desarrollo de habilidades de afrontamiento.** Capacitarse en técnicas de relajación, resolución de conflictos, manejo del tiempo y comunicación asertiva puede elevar nuestras estrategias de afrontamiento, transformando potenciales distrés en oportunidades de eustrés.
- **Fomento del apoyo social.** Mantener una red sólida de apoyo social proporciona recursos emocionales que facilitan la gestión del estrés exitoso. Buscar apoyo ante situaciones desbordantes disminuye el impacto del distrés.
- **Pausas y autocuidado.** Incorporar descansos regulares y prácticas de autocuidado, como la meditación, el ejercicio físico y pasatiempos agradables, permite recuperar energía y prevenir la acumulación de distrés crónico.
- **Reevaluación cognitiva.** Desarrollar una mentalidad de crecimiento y replantear situaciones adversas como desafíos puede transformar una respuesta de distrés en una de eustrés.

APLICACIÓN PRÁCTICA

Luis ha asumido una tarea laboral importante. Siente una mezcla de emoción y presión por el reto que tiene por delante. Sin embargo, también está experimentando conflictos interpersonales con algunos

Continúa en página siguiente >>

<< Viene de página anterior

compañeros y compañeras, y siente que las expectativas son excesivas. Luis quiere identificar si lo que está experimentando es eustrés o distrés, y cómo manejarlo para que el estrés actúe a su favor. ¿Cuál es la diferencia entre eustrés y distrés?

Solución

El eustrés es una forma de estrés positivo que mejora el rendimiento y la motivación, mientras que el distrés surge cuando las demandas superan la capacidad de afrontamiento, generando efectos negativos en la salud.

---

6. Relación entre activación y rendimiento: la Ley de Yerkes-Dodson

👉 HILO CONDUCTOR

La experiencia de Manuel ilustra perfectamente la ley de Yerkes-Dodson: un nivel moderado de activación puede mejorar su rendimiento en tareas repetitivas y meticulosas, como ensamblar piezas pequeñas en un tiempo limitado. Sin embargo, al incrementarse la presión, como cuando hay una avería en la maquinaria y los plazos se acortan aún más, esta activación se convierte en un obstáculo. Manuel empieza a cometer errores, pierde el foco y su eficacia disminuye considerablemente.

La **Ley de Yerkes-Dodson,** formulada por los psicólogos Robert M. Yerkes y John Dillingham Dodson en 1908, describe la relación entre activación y rendimiento de manera significativa. Esta teoría sugiere que un nivel óptimo de activación puede mejorar el rendimiento en una tarea, pero tanto niveles muy bajos como muy altos de activación pueden perjudicarlo.

NOTA

Imagine que el eje horizontal representa el nivel de activación, mientras que el eje vertical indica el rendimiento. A medida que la curva asciende, el rendimiento mejora hasta llegar a un punto óptimo. Más allá de este nivel, más activación implica un descenso en el rendimiento.

Para una mejor comprensión, consideremos el **concepto de activación** como el **nivel de alerta o excitación fisiológica y mental** que un individuo experimenta ante una determinada situación. La activación puede ser influenciada por diferentes factores, como **el interés, la motivación y el estrés.** En niveles bajos de activación, las personas tienden a estar desmotivadas, aburridas o apáticas, lo que lleva a un deficiente rendimiento.

EJEMPLO

Imaginemos a un estudiante que se enfrenta a un examen. Si el estudiante está poco activado, es posible que no se sienta impulsado a estudiar lo suficiente, con lo que resulta en un bajo rendimiento.

En contraste, a **niveles moderados de activación** alcanzamos el rendimiento óptimo, el punto donde el equilibrio entre estrés positivo (eustrés) y la motivación conduce al máximo potencial en la realización de tareas.

EJEMPLO

Un deportista participa en un evento importante, donde la excitación y el enfoque le permiten rendir al máximo. Este deportista ha encontrado la armonía perfecta entre la presión del evento y la propia motivación, lo que se traduce en un desempeño sobresaliente.

Sin embargo, cuando el nivel de activación continúa aumentando más allá de este punto óptimo, entra en el dominio del estrés negativo (distrés), cuando la **excesiva activación comienza a obstaculizar el rendimiento.** Aquí, el individuo puede experimentar síntomas como ansiedad, nerviosismo o agotamiento, lo que puede afectar negativamente a la capacidad de concentración y eficacia en la tarea.

Para tareas más simples o rutinarias, la activación óptima tiende a ser más alta, dado que el nivel de desafío es menor, posibilitando un enfoque mayor sin riesgo de caer en distrés. Por otro lado, para tareas más complejas que requieren alta concentración y precisión, como cirugías delicadas o negociaciones complejas, un nivel más bajo de activación es generalmente más beneficioso, lo que evita la presión o ansiedad que puede surgir con una alta activación, permitiendo así un enfoque meticuloso y detallista. La diferencia en los niveles óptimos de activación según la tarea subraya la importancia del autoconocimiento y la autorregulación emocional en la gestión del estrés laboral.

 ## ACTIVIDAD COMPLEMENTARIA

1. Identifica en el documento: "Estrés, ansiedad y rendimiento cognitivo. Una síntesis de seis teorías", las principales diferencias que se plantean entre el estrés y la ansiedad en relación con el rendimiento cognitivo.

   Según las teorías analizadas, ¿qué estrategias podrían implementarse para mejorar el rendimiento cognitivo bajo condiciones de estrés y ansiedad?

   Accede al documento desde aquí:

https://redirectoronline.com/ctrr00140101

7. Causas y efectos del estrés

☞ HILO CONDUCTOR

Manuel soporta múltiples causas de estrés en su entorno laboral. Entre ellas destacan: los plazos ajustados, que le generan sensación de urgencia constante; el ruido continuo de las máquinas, que afecta su capacidad de concentración; y las jornadas prolongadas, que dejan poco espacio para la recuperación. Estas condiciones tienen consecuencias inmediatas, como disminución en su rendimiento y capacidad de tomar decisiones rápidas. A largo plazo podrían derivar en problemas como insomnio, desgaste emocional y enfermedades cardiovasculares.

Las **causas del estrés** o estresores son variadas. Dependen en gran medida de la percepción individual sobre lo que constituye una amenaza. No obstante, existen algunas **causas comunes** que suelen afectar a la mayoría de las personas:

- **Factores laborales:** las expectativas laborales elevadas, la sobrecarga de trabajo, la falta de control sobre las tareas, la inseguridad laboral y las malas relaciones con compañeros o superiores son factores que contribuyen significativamente al estrés.
- **Factores psicológicos:** personas con baja autoestima, perfeccionistas o con miedo al fracaso suelen ser más propensas a experimentar estrés. Asimismo, eventos traumáticos pasados pueden influir en las respuestas al estrés actuales.
- **Factores ambientales:** problemas como la contaminación, el ruido, el tráfico o el clima extremo pueden desencadenar respuestas de estrés. Paralelamente, los cambios significativos en la vida, como mudanzas o desastres naturales, representan fuentes de tensión.
- **Factores sociales:** los conflictos interpersonales, la presión social y la soledad son ejemplos de cómo las dinámicas sociales pueden generar estrés.
- **Factores biológicos:** los cambios en la salud física o psíquica, como enfermedades crónicas, trastornos del sueño o desequilibrios hormonales, afectan a la capacidad del cuerpo para gestionar el estrés de manera efectiva.

El estrés puede tener una multitud de efectos tanto a corto como a largo plazo. Mientras que el **estrés agudo** puede ser útil para plantar cara a los desafíos inmediatos, el **estrés crónico** puede tener consecuencias negativas significativas para la salud física, mental y social. Algunos de los **efectos** que provoca son:

- **Efectos en la salud física.** El estrés crónico actúa sobre el cuerpo a nivel fisiológico, principalmente a través de la activa y prolongada liberación de hormonas del estrés como el cortisol. Esto puede llevar a alteraciones en el sistema inmunológico. También está asociado con problemas cardiacos, hipertensión, trastornos digestivos y enfermedades metabólicas como la diabetes tipo 2.
- **Efectos en la salud mental.** En el plano mental, el estrés continuo contribuye al desarrollo o agravamiento de trastornos mentales como la depresión y la ansiedad. Las personas pueden experimentar dificultades para concentrarse, problemas de memoria y una reducción en la capacidad para tomar decisiones efectivas.
- **Efectos conductuales.** Ante el estrés, algunas personas pueden desarrollar comportamientos poco saludables, como el consumo excesivo de alcohol, tabaco o drogas, el abuso de la comida o el abandono de hábitos de ejercicio físico.
- **Efectos en las relaciones interpersonales.** Las personas bajo estrés pueden volverse más irritables, menos pacientes y más propensas a reaccionar de manera negativa en situaciones de interacción social, erosionando así sus redes de apoyo social.
- **Efectos en el rendimiento laboral y académico.** El estrés puede disminuir la productividad y la calidad del trabajo. El cansancio mental y físico hace que se cometan más errores, lo que a su vez puede generar más estrés en un ciclo negativo.

El **estrés** tiende a **funcionar en un ciclo.** A medida que se presentan estresores y no se gestionan adecuadamente, los efectos del estrés generan más factores de estrés, lo que amplía un ciclo negativo. Para evitar que el estrés se convierta en un factor debilitante, es crucial implementar estrategias que ayuden a mitigar sus causas y efectos. Estas **estrategias** pueden incluir:

- **Gestión del tiempo.** La planificación y la priorización de tareas ayuda a reducir la sobrecarga de trabajo. El uso de herramientas de organización puede devolver la sensación de control sobre situaciones laborales y personales.
- **Técnicas de relajación.** La práctica regular de técnicas como la meditación, la respiración profunda y el yoga promueven la relajación y reducen la respuesta al estrés.
- **Actividad física.** El ejercicio regular es esencial para reducir los niveles de cortisol y aumentar la producción de endorfinas, que mejoran el estado de ánimo y actúan como amortiguadores del estrés.

- **Atención a la salud mental.** Consultar a un profesional de la salud mental puede proporcionar estrategias personalizadas para lidiar con el estrés, como la terapia cognitivo-conductual.
- **Apoyo social.** Mantener relaciones saludables y comunicarse con amigos y familiares puede proporcionar el apoyo emocional necesario para afrontar situaciones estresantes.
- **Alimentación adecuada y descanso.** Una dieta equilibrada y un sueño reparador son imprescindibles para la resistencia del cuerpo y la mente al estrés.
- **Desarrollo de habilidades de afrontamiento adaptativas.** Es importante desarrollar habilidades como el cambio de perspectiva y la revaluación positiva para mejorar la manera en que percibimos los estresores.

8. Estrés vs. ansiedad

☞ HILO CONDUCTOR

En la rutina de Manuel, el estrés puede intensificarse hasta convertirse en ansiedad, una respuesta más persistente y debilitante. Por ejemplo, tras varias semanas de trabajar bajo presiones ininterrumpidas, Manuel empieza a sentir síntomas como sudoración excesiva, pensamientos negativos recurrentes y dificultad para concentrarse incluso en tareas simples. Mientras que el estrés puede ser una respuesta funcional y temporal ante un desafío específico, la ansiedad implica un estado más duradero que interfiere con su capacidad de desempeñarse adecuadamente.

En el camino hacia la comprensión profunda del estrés, es fundamental diferenciar entre el estrés mismo y la ansiedad. Aunque ambos términos se utilizan a menudo de manera intercambiable, es esencial reconocer sus diferenciaciones, ya que el manejo exitoso depende de esta distinción clara.

DEFINICIÓN

Estrés

Es la respuesta del cuerpo a una amenaza o desafío percibido. Es una reacción normal que puede ser tanto física como emocional.

El estrés puede ser **agudo** (una respuesta a un evento inmediato) o **crónico** (una carga constante de estrés sostenido con el tiempo).

DEFINICIÓN

Ansiedad

Es una reacción emocional que se caracteriza por sentimientos de preocupación, nerviosismo o miedo ante la expectativa de un peligro futuro o un mal resultado.

Aunque el estrés puede desencadenar ansiedad, esta última tiene un componente anticipatorio y a menudo se asocia con el miedo a lo desconocido o a la falta de control. A diferencia del estrés, la ansiedad no siempre se basa en una amenaza real o inminente.

El **estrés** se genera como una **respuesta a una situación externa identificada concreta,** como una fecha de entrega en el trabajo o un conflicto interpersonal. Es la manera en que nuestro organismo se prepara para enfrentarse y manejar la situación percibida. La **ansiedad,** en cambio, generalmente tiene un **origen interno** y se centra más en el futuro que en el presente.

IMPORTANTE

Es importante destacar que tanto el estrés como la ansiedad pueden llevar a trastornos de salud mental, si no se manejan adecuadamente.

Uno de los puntos clave en la gestión del estrés y la ansiedad es la identificación de su fuente. Para el estrés, es crucial manejar y, si es posible, reducir las causas externas. Métodos efectivos incluyen la organización y la planificación, una práctica adecuada de gestión del tiempo y el establecimiento de límites personales. La ansiedad, sin embargo, a menudo requiere un enfoque centrado en el interior del individuo. Las técnicas de relajación, la meditación, la terapia cognitivo-conductual y, en algunos casos, la asesoría psicológica o psiquiátrica son útiles para desarrollar herramientas que ayuden a manejar la ansiedad y reducir su impacto.

 **APLICACIÓN PRÁCTICA**

Ana, una estudiante universitaria, se encuentra preocupada por los exámenes finales y nota que a menudo tiene dificultad para dormir, siente palpitaciones y se irrita con facilidad. Aunque está segura de que su estrés proviene de las fechas de entrega y la carga académica, también siente una preocupación constante por "no ser suficiente" o "no estar preparada", incluso cuando no está estudiando. Ana quiere entender si está experimentando estrés, ansiedad o ambos, para buscar estrategias efectivas de manejo.

Ayuda a Ana a diferenciar entre el estrés y la ansiedad en su casa.

Posible solución

El estrés en Ana es una reacción a los exámenes finales y las fechas de entrega, mientras que la ansiedad surge de sus preocupaciones sobre no ser suficiente, que están más relacionadas con un miedo anticipatorio. El estrés en el caso de Ana es una reacción directa a situaciones externas concretas, como las fechas de entrega y la carga académica. Por otro lado, la ansiedad se manifiesta en sus preocupaciones constantes sobre el futuro, como el miedo a no ser suficiente, y no necesariamente requiere un desencadenante externo inmediato. Diferenciar ambos conceptos es clave para que Ana adopte estrategias específicas: técnicas de gestión del tiempo para el estrés y herramientas de relajación o terapia cognitivo-conductual para la ansiedad.

ACTIVIDAD COMPLEMENTARIA

2. Analiza el siguiente artículo y responde a las preguntas planteadas: *"Impacto psicológico de la pandemia de COVID-19: efectos negativos y positivos en la población española asociados al periodo de confinamiento nacional"*.

Accede al artículo desde aquí:

https://redirectoronline.com/ctrr00140102

Según el artículo, define y explica las diferencias clave entre estos dos conceptos en el contexto del confinamiento.

Describe los principales efectos psicológicos negativos (por ejemplo, aumento del estrés y la ansiedad) y los positivos (como la adaptación y resiliencia) observados en la población española.

Identifica las estrategias de afrontamiento utilizadas por la población para gestionar tanto el estrés como la ansiedad durante el confinamiento.

---

9. Resumen

El estrés es una respuesta natural del cuerpo y la mente ante demandas, desafíos o amenazas percibidas. Tiene tres aproximaciones principales:

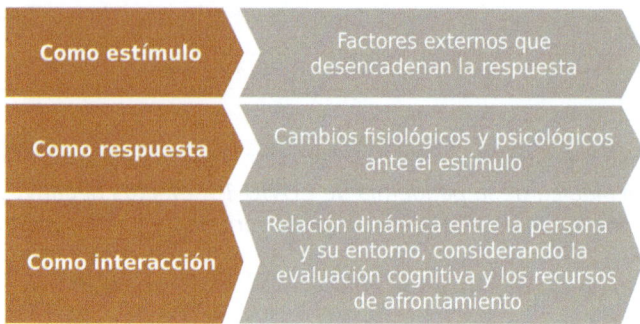

El estrés sigue un ciclo progresivo conocido como síndrome general de adaptación:

1. **Alarma:** respuesta inicial con activación de mecanismos como la "lucha o huida".
2. **Resistencia:** adaptación a demandas continuas. El cuerpo permanece en alerta moderada.
3. **Agotamiento:** ocurre cuando el estrés es prolongado, lo cual agota los recursos del cuerpo y afecta a la salud.

Se pueden diferenciar dos tipos de estrés:

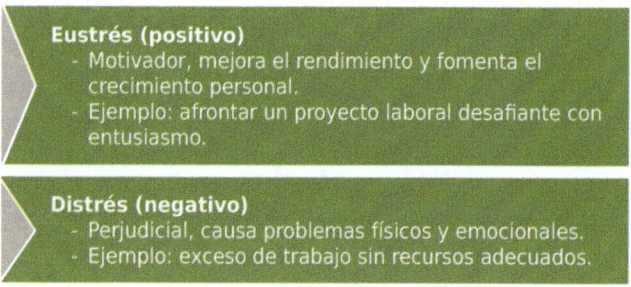

Aunque están interrelacionados, el estrés y la ansiedad se diferencian por su origen y manifestación. El **estrés** es una respuesta a una situación específica y la **ansiedad,** una preocupación anticipatoria hacia escenarios hipotéticos.

Algunas causas comunes del estrés son:

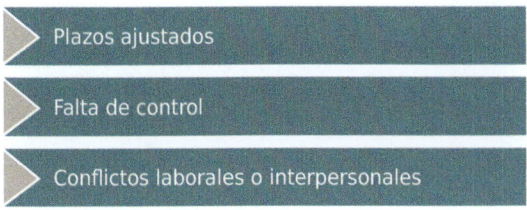

- Plazos ajustados
- Falta de control
- Conflictos laborales o interpersonales

Los efectos que provoca el estrés pueden ser:

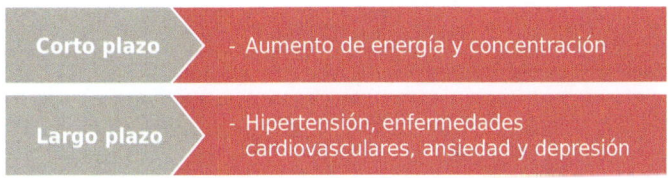

| Corto plazo | - Aumento de energía y concentración |
| Largo plazo | - Hipertensión, enfermedades cardiovasculares, ansiedad y depresión |

Según la Ley de Yerkes-Dodson:

- Una activación moderada optimiza el rendimiento (eustrés).
- Activación excesiva reduce la eficacia (distrés).
- Varía según la complejidad de la tarea: tareas simples (mayor activación tolerable) y tareas complejas (requieren menos activación para evitar distracciones).

Se pueden diferenciar tres tipos de enfoques y estrategias de gestión:

1. **Aproximación del estímulo:** evaluar el evento como desafío o amenaza. Técnicas: reestructuración cognitiva, atención plena *(mindfulness)*.
2. **Aproximación de la respuesta:** entender las reacciones físicas y emocionales para intervenir antes del agotamiento. Técnicas: ejercicio, meditación, fortalecimiento de redes sociales.
3. **Modelo transaccional (Lazarus):** destaca la evaluación primaria y secundaria del evento estresante, y las estrategias de afrontamiento: centradas en el problema (solucionar el estresor directamente) y centradas en la emoción (regular las reacciones emocionales).

Ejercicios de autoevaluación
Unidad de Aprendizaje 1

1. **¿Qué característica diferencia al estrés positivo (eustrés) del estrés negativo (distrés)?**

    a. El eustrés mejora el rendimiento y la motivación, mientras que el distrés afecta negativamente la salud.
    b. El eustrés genera ansiedad a largo plazo, mientras que el distrés no afecta emocionalmente.
    c. El distrés fomenta la productividad en el trabajo, mientras que el eustrés genera apatía.
    d. Ambos son iguales, pero el eustrés es temporal.

2. **Según la ley de Yerkes-Dodson, ¿qué nivel de activación optimiza el rendimiento en tareas complejas?**

    a. Alto
    b. Moderado
    c. Bajo
    d. Extremo

3. **¿Cuál es la respuesta biológica inicial que se activa frente a un estresor?**

    a. Respuesta de adaptación psicológica
    b. Respuesta de alarma
    c. Respuesta de resistencia
    d. Respuesta de agotamiento

4. **¿Cómo define Lazarus la evaluación primaria en el modelo transaccional del estrés?**

    a. Como una etapa para planificar estrategias de afrontamiento.
    b. Como un proceso para determinar si un evento es una amenaza, un desafío o una pérdida.
    c. Como la identificación de los recursos disponibles para afrontar un evento.
    d. Como una reacción automática del sistema nervioso ante el estrés.

5. **Completa la oración: El modelo transaccional considera el estrés como...**

   a. ... una respuesta fisiológica ante amenazas externas.
   b. ... un proceso dinámico entre el individuo y su entorno.
   c. ... una reacción invariable al estímulo ambiental.
   d. ... un fenómeno exclusivamente psicológico.

6. **¿Qué hormonas se liberan en la fase de alarma durante la respuesta al estrés?**

   a. Cortisol y serotonina
   b. Adrenalina y cortisol
   c. Dopamina y serotonina
   d. Oxitocina y adrenalina

7. **¿Qué estrategia de afrontamiento es efectiva para el estrés crónico?**

   a. Meditar y hacer *mindfulness.*
   b. Reaccionar impulsivamente ante los estresores.
   c. Incrementar la cantidad de trabajo para superar el estrés.
   d. Evitar completamente las situaciones estresantes.

8. **Indica si la siguiente oración es verdadera o falsa: "El estrés y la ansiedad son términos intercambiables que describen el mismo fenómeno".**

   ■ Verdadero
   ■ Falso

9. **¿Qué efecto puede tener un nivel muy bajo de activación según la ley de Yerkes-Dodson?**

   a. Aumento de la motivación
   b. Disminución del rendimiento por falta de interés
   c. Mejora en tareas repetitivas
   d. Incremento de la ansiedad

10. **¿Qué técnica se utiliza en el manejo del estrés para reinterpretar una situación de manera más positiva?**

    a. *Mindfulness*
    b. Reestructuración cognitiva
    c. Afrontamiento centrado en las emociones
    d. Reducción de la carga laboral

Cómo manejar el trabajo bajo presión

Contenido

Objetivos

El objetivo general de esta Unidad de Aprendizaje es:

→ Proporcionar las herramientas y estrategias generales necesarias para comprender, prevenir y manejar de manera efectiva el estrés laboral y el síndrome de *burnout* en entornos de trabajo exigentes, tanto a nivel individual como organizacional, promoviendo un entorno saludable y sostenible que contribuya al bienestar y al éxito profesional de los empleados.

Los objetivos específicos de esta Unidad de Aprendizaje son:

→ Definir el concepto de estrés laboral y diferenciarlo del *burnout* (síndrome de desgaste profesional), identificando sus causas, factores de riesgo y características individuales.

→ Reconocer los principales signos y síntomas del estrés laboral y el *burnout,* promoviendo su detección temprana en el entorno laboral.

→ Evaluar los efectos negativos del estrés laboral y el *burnout* sobre la salud física, mental y emocional, así como su impacto en el rendimiento y la satisfacción laboral.

→ Identificar las principales estrategias de prevención e intervención para manejar eficazmente el estrés laboral en entornos exigentes.

→ Comprender las fases del proceso de *burnout* y las variables desencadenantes, desarrollando habilidades para intervenir y prevenir el síndrome en sus etapas iniciales.

→ Analizar los principales estresores laborales, considerando su relación con las características individuales y las dinámicas organizacionales.

→ Identificar las fases del *burnout* en un contexto laboral.

1. Introducción

En el entorno laboral actual, manejar el trabajo bajo presión se ha convertido en una habilidad esencial. La competitividad y el ritmo acelerado de la vida moderna han normalizado esta presión como parte del día a día profesional. Si bien puede ser una fuente de estrés laboral, también tiene el potencial de actuar como un catalizador de la productividad, siempre que se gestione adecuadamente.

El estrés laboral no afecta a todas las personas de la misma manera. Algunos logran transformar los desafíos en impulso positivo, mientras que otros pueden verse abrumados, lo que impacta negativamente en su rendimiento. Reconocer las causas del estrés y las señales del *burnout* es crucial para prevenir sus efectos adversos en la salud y el ambiente laboral. La aplicación de estrategias efectivas no solo protege a los trabajadores, sino que fomenta un entorno más saludable y eficiente.

En esta unidad se ofrecen herramientas para gestionar la presión en el trabajo, entendiendo cómo equilibrar el estrés para favorecer la resiliencia y la adaptabilidad, promoviendo carreras sostenibles y satisfactorias.

Imaginemos que Manuel, además de trabajar como operario en la línea de ensamblaje de Fábrica Unidas, ocasionalmente asume otras tareas cuando su equipo se enfrenta a retrasos imprevistos en la entrega de pedidos clave. En esta unidad, seguiremos su experiencia mientras aplica estrategias prácticas para transformar la presión en oportunidades, equilibrando las demandas inmediatas con su bienestar a largo plazo, en un entorno laboral desafiante.

2. El estrés laboral

 **HILO CONDUCTOR**

Manuel, enfrentado al estrés laboral por retrasos inesperados en los envíos, ilustra cómo los estresores laborales —como plazos ajustados, exigencias del supervisor y expectativas de los clientes— pueden desencadenar respuestas emocionales y fisiológicas intensas. En su caso, la presión de cumplir con los objetivos del día le obliga a reorganizar prioridades y buscar soluciones rápidas,

Continúa en página siguiente >>

<< Viene de página anterior

mostrando cómo las características individuales, como su experiencia y capacidad de adaptación, influyen en la reacción. Mientras que en ocasiones logra enfocarse y encontrar motivación en estas situaciones, otras veces se siente desbordado por la acumulación de tareas.

El **estrés laboral** es una de las principales preocupaciones dentro del entorno profesional moderno. Representa un conjunto de respuestas emocionales, fisiológicas y cognitivas que el individuo experimenta cuando las demandas del entorno laboral exceden su capacidad para manejarlas adecuadamente.

El estrés en el lugar de trabajo puede originarse por una **variedad de fuentes,** que a menudo se interrelacionan y se intensifican mutuamente:

- **Cargas de trabajo excesivas:** un exceso de tareas o responsabilidades puede abrumar a los empleados, quienes a menudo sienten que el tiempo no es suficiente para completar las tareas asignadas.
- **Rol mal definido:** la falta de claridad en las expectativas laborales o las responsabilidades pueden generar confusión y ansiedad, lo cual incrementa la presión percibida por los trabajadores.
- **Conflictos interpersonales:** las malas relaciones con compañeros o supervisores, así como el acoso laboral, son fuentes comunes de estrés.
- **Inseguridad laboral:** el temor a perder el empleo o la ansiedad por las reestructuraciones organizacionales incrementan el estrés y la incertidumbre entre los empleados.
- **Condiciones de trabajo pobres:** los ambientes de trabajo incómodos, insalubres o peligrosos también contribuyen significativamente al estrés laboral.
- **Falta de balance trabajo-vida:** las dificultades para equilibrar las responsabilidades laborales y personales pueden llevar a una tensión extrema.

El **impacto del estrés laboral** no se limita a los efectos negativos en los individuos. A nivel organizacional, el estrés puede ocasionar pérdidas significativas debido a la disminución de la productividad, el aumento en el recambio de personal y el incremento en las tasas de enfermedad y accidentes.

La **gestión efectiva del estrés laboral** requiere un enfoque multifacético que considere tanto a los individuos como a la organización. A continuación, se detallan algunas **estrategias** para abordar el estrés en el lugar de trabajo:

Intervenciones individuales	Intervenciones organizacionales
- La práctica regular de técnicas como la meditación, la respiración profunda y el yoga puede ayudar a reducir los niveles de estrés. La atención plena ayuda a los individuos a concentrarse en el presente y a manejar sus pensamientos y emociones de forma más eficaz. Aprender a priorizar tareas y organizar el tiempo de manera efectiva puede reducir la sensación de estar abrumado. Mantener una dieta equilibrada, hacer ejercicio regularmente y dormir lo suficiente son fundamentales para disminuir los efectos del estrés.	- Las organizaciones deben procurar definir claramente las expectativas laborales y los roles de sus empleados para reducir la confusión y la ansiedad. Proveer un entorno de trabajo seguro y confortable puede mitigar algunos de los factores de estrés. El desarrollo de una cultura organizacional basada en el respeto y la cooperación puede reducir los conflictos interpersonales. Proveer recursos y soporte a los empleados para manejar el estrés puede ayudar a reducir sus efectos.

NOTA

La creación de redes de apoyo social dentro y fuera del trabajo propicia un entorno en el que los empleados sienten que pueden compartir sus problemas y obtener el respaldo emocional necesario.

2.1. Concepto de estrés laboral

El estrés laboral es un fenómeno cada vez más presente en el entorno moderno de trabajo y ha suscitado una creciente atención debido a sus implicaciones para la salud física y mental de los trabajadores, así como su impacto en la productividad y el ambiente organizacional.

DEFINICIÓN

Estrés laboral

Respuesta fisiológica y psicológica a las demandas del trabajo que exceden los recursos de adaptación del individuo. Como un desequilibrio percibido entre las expectativas del entorno laboral y la capacidad del trabajador para enfrentar a ellas, el estrés laboral se convierte en un problema cuando estas exigencias o presiones superan los límites de manejo del empleado, lo que provoca una serie de reacciones físicas, emocionales y comportamentales.

Las **causas o factores estresantes** en el lugar de trabajo pueden variar significativamente según el individuo y la naturaleza del trabajo, pero generalmente pueden clasificarse en diversas **categorías:**

- **Carga de trabajo excesiva.** Un volumen de trabajo que exceda la capacidad del trabajador puede ser una de las causas más comunes de estrés laboral. Esto se traduce en largas jornadas de trabajo y consecuencias como el agotamiento físico y mental.
- **Demandas confusas o contradictorias.** La falta de claridad en las expectativas laborales o recibir órdenes contradictorias pueden llevar a la inseguridad y al desconcierto, lo cual aumenta los niveles de estrés.
- **Control pobre sobre el trabajo.** Cuando los trabajadores tienen poco control sobre cómo se lleva a cabo su trabajo, especialmente en términos de la autonomía para tomar decisiones, el estrés laboral tiende a aumentar.
- **Apoyo insuficiente de supervisión o compañeros.** La falta de apoyo y reconocimiento puede acrecentar la sensación de aislamiento y estrés. Un ambiente de trabajo hostil o la falta de interacciones sociales también son factores contribuyentes.
- **Ambiente de trabajo inapropiado.** Las malas condiciones físicas, como un entorno ruidoso, la falta de espacio o una infraestructura deficiente, pueden incrementar los niveles de estrés.
- **Desarrollo profesional limitado.** La falta de oportunidades para progresar profesionalmente dentro de la organización puede generar insatisfacción y preocupación sobre el futuro laboral.

El estrés laboral se manifiesta de diversas maneras, que pueden variar de una persona a otra. Generalmente, las **manifestaciones** se pueden observar a nivel físico, psicológico y conductual:

Físicas	- Los síntomas físicos pueden incluir aumento de la presión arterial, taquicardia, sudoración excesiva, dolores de cabeza o migrañas, problemas digestivos e insomnio.
Psicológicas	- En el ámbito psicológico, el estrés laboral puede manifestarse como ansiedad, irritabilidad, estado de ánimo depresivo, baja autoestima o dificultad para concentrarse.
Conductuales	- Los cambios en los hábitos alimenticios, el consumo incrementado de alcohol o tabaco, el absentismo laboral, la disminución del rendimiento y los conflictos interpersonales pueden ser indicativos de estrés laboral.

El impacto del estrés laboral no solo se limita al individuo, sino que puede extenderse a la organización, afectando la moral del equipo y la productividad de la empresa. Algunos de los **resultados adversos** más frecuentes del estrés laboral incluyen:

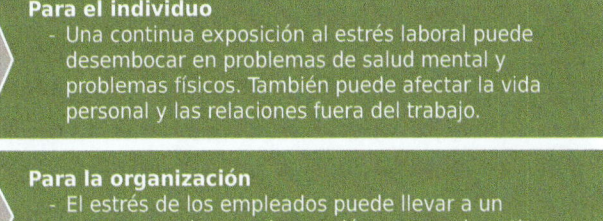

Para el individuo
- Una continua exposición al estrés laboral puede desembocar en problemas de salud mental y problemas físicos. También puede afectar la vida personal y las relaciones fuera del trabajo.

Para la organización
- El estrés de los empleados puede llevar a un aumento en la tasa de rotación, mayor absentismo, baja satisfacción laboral y pérdida de productividad.

2.2. Los estresores laborales

Los **estresores laborales** son aquellos **factores del entorno laboral** que generan, **propician o intensifican el estrés en los trabajadores.** Los estresores laborales pueden clasificarse en varias categorías, según su origen y la manera en que afectan al individuo. Algunas de las principales **categorías** son:

- **Estresores ambientales.** Se refieren a las condiciones físicas del lugar de trabajo que pueden impactar en el bienestar del trabajador. Esto incluye ruido excesivo, iluminación deficiente, temperaturas extremas y espacios de trabajo poco ergonómicos.
- **Estresores organizacionales.** Son aquellos que se derivan de la estructura organizativa y la cultura de la empresa. Estos pueden incluir una falta de claridad en los roles, cambios frecuentes en las políticas corporativas, comunicación interna deficiente, mala gestión de recursos humanos y una cultura que no promueva el equilibrio entre el trabajo y la vida personal.
- **Estresores interpersonales.** Surgen de las relaciones entre los empleados. Los conflictos con colegas o supervisores, el acoso laboral, la falta de apoyo social y los equipos de trabajo disfuncionales son ejemplos de estresores interpersonales.
- **Estresores del rol.** Estos estresores ocurren cuando hay una falta de claridad sobre las expectativas laborales, lo que puede conducir a la ambigüedad y el conflicto de rol. Cuando un trabajador no está seguro de cuáles son sus responsabilidades o recibe órdenes contradictorias de diferentes superiores, puede experimentar un aumento en la sensación de presión y estrés.
- **Estresores de carga de trabajo.** Pueden ser cualitativos, cuando se requiere que el trabajador realice tareas demasiado difíciles o que no están alineadas con sus habilidades, o cuantitativos, cuando la cantidad de trabajo supera la capacidad de una persona para completarlo en el tiempo disponible.

El reconocimiento y el entendimiento de la **fuente de los estresores** son clave para abordarlos efectivamente. A continuación, detallamos algunas **fuentes comunes:**

- **Cambios organizativos.** La reestructuración organizativa, compras o fusiones, pueden provocar estrés debido a la incertidumbre y la posible pérdida de trabajo. Los cambios rápidos y constantes pueden hacer que los empleados se sientan desorientados y ansiosos acerca de su futuro dentro de la organización.
- **Tecnología.** Si bien la tecnología puede facilitar el trabajo, también puede ser una fuente de estrés. El constante flujo de correos electrónicos, la presión por estar siempre disponible gracias a los teléfonos inteligentes y la necesidad de aprender a manejar nuevas herramientas tecnológicas pueden ser estresantes para muchos trabajadores.
- **Demandas de rendimiento.** Las altas expectativas de rendimiento, las evaluaciones de desempeño y las metas inalcanzables conllevan una presión continua sobre los empleados, a menudo llevándolos al agotamiento.

🢂 **Inseguridad laboral.** El temor a perder el empleo o a sufrir reducciones salariales puede ser una importante fuente de estrés que impacte no solo en la satisfacción con el trabajo, sino también en la salud mental y física de los trabajadores.

Los **efectos de los estresores** en el lugar de trabajo pueden ser amplios y variados, e impactan tanto en la salud mental y física de los individuos como en el rendimiento organizativo:

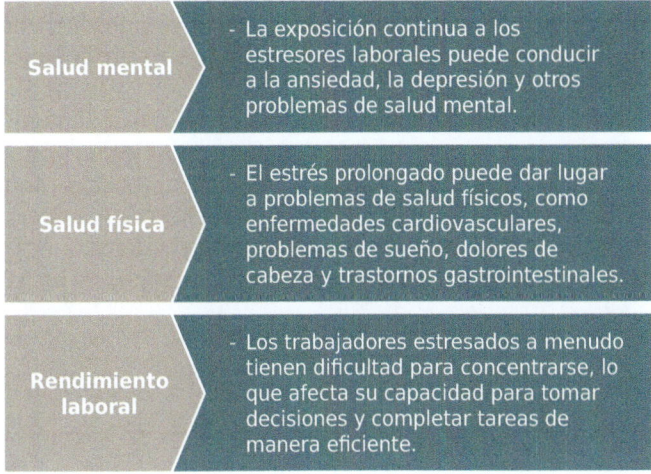

Mitigar los efectos negativos de los estresores laborales requiere una combinación de **intervenciones** individuales y organizacionales:

🢂 **Intervenciones individuales:** los empleados pueden beneficiarse del uso de técnicas de gestión del tiempo, la práctica de la meditación y el *mindfulness* para reducir el estrés, o mediante la búsqueda de oportunidades de formación para mejorar habilidades que se consideren débiles.
🢂 **Intervenciones organizacionales:** las organizaciones pueden adoptar políticas de trabajo flexibles, mejorar la comunicación interna, proporcionar capacitación en habilidades interpersonales y ofrecer programas de apoyo como el asesoramiento psicológico de empresa.
🢂 **Diseño del lugar de trabajo:** mejorar las condiciones físicas del lugar de trabajo puede ayudar a reducir los estresores ambientales. Por ejemplo, adoptar prácticas de diseño ergonómico moldeadas a las necesidades de los empleados puede mejorar su confort y reducir fatiga.
🢂 **Apoyo social:** cultivar una cultura laboral de apoyo, donde los trabajadores sientan que pueden contar con sus colegas y superiores para recibir ayuda y comprensión, puede aliviar el estrés considerablemente.

2.3. Estrés laboral y características individuales

El entorno laboral moderno, caracterizado por un **ritmo de trabajo acelerado y crecientes demandas,** puede ser una fuente importante de estrés. No obstante, la manera en la que cada uno experimenta y maneja el estrés laboral depende en gran medida de nuestras características individuales.

La **personalidad** es uno de los principales factores individuales que afecta la percepción y manejo del estrés laboral. Una de las teorías más extendidas para comprender la personalidad humana es el modelo de los cinco grandes **rasgos de personalidad,** que incluye apertura a la **experiencia, responsabilidad, extraversión, amabilidad y neuroticismo.**

El **neuroticismo,** en particular, está asociado con una mayor propensión al estrés. Las personas con altos niveles de neuroticismo tienden a experimentar emociones negativas con mayor frecuencia y pueden sentirse más fácilmente abrumadas por las presiones laborales. Por el contrario, las personas con alta responsabilidad suelen mostrar mayor autocontrol y disciplina, lo que puede ayudarles a manejar mejores situaciones de estrés.

👁 EJEMPLO

Un empleado con alta responsabilidad probablemente se enfrentará a una carga de trabajo elevada con un enfoque planificado y metódico, mientras que alguien con altos niveles de neuroticismo podría experimentar ansiedad ante la misma situación.

La **resiliencia,** definida como la capacidad de adaptarse y recuperarse ante la adversidad, es una característica individual clave para manejar el estrés laboral.

👁 EJEMPLO

Tomemos el ejemplo de un trabajador que se enfrenta a un proyecto desafiante con plazos ajustados. Una persona resiliente abordará el desafío con una actitud

Continúa en página siguiente >>

<< Viene de página anterior

positiva, aceptando que, aunque la situación es difícil, es también una oportunidad para mejorar habilidades y demostrar competencia. Esta perspectiva reduce la percepción de estrés y convierte una situación potencialmente negativa en una experiencia de aprendizaje.

Por su parte, la **inteligencia emocional,** entendida como la capacidad de reconocer, comprender y manejar nuestras propias emociones y las de los demás, juega un papel crucial en la gestión del estrés laboral.

 **EJEMPLO**

Por ejemplo, un líder con alta inteligencia emocional podrá percatarse rápidamente de cuándo el estrés en su equipo está aumentando, pudiendo implementar medidas como la redistribución de tareas o sesiones de *feedback,* que pueden aliviar el ambiente laboral tenso.

El impacto del estrés laboral puede variar según la edad. Los trabajadores más jóvenes pueden experimentar niveles más altos de estrés debido a su menor experiencia y menor desenvoltura en el entorno laboral. Por otro lado, los trabajadores más experimentados pueden enfrentarse a diferentes tipos de estresores, como la saturación de responsabilidades y la presión de equilibrio entre la vida personal y profesional. Sin embargo, su experiencia puede permitirles desarrollar mejores estrategias de manejo del estrés.

El **género** también juega un papel importante, debido a las expectativas de rol de género tanto dentro como fuera del lugar de trabajo, además de los aspectos culturales y sociales que afectan cómo los diferentes géneros experimentan y expresan el estrés.

Los **valores culturales** también influyen significativamente en cómo el estrés laboral es percibido y manejado. Las personas de diferentes antecedentes culturales pueden tener diferentes actitudes hacia el trabajo y el estrés.

Consecuentemente, los enfoques de gestión del estrés deben ser culturales: **lo que funciona en una cultura podría no ser efectivo en otra.** Para enfrentarse al estrés de manera eficaz, es importante comprender y respetar estas diferencias culturales.

Una **comunicación efectiva** es vital en la gestión del estrés laboral. La capacidad para expresar claramente las necesidades y preocupaciones puede prevenir muchos conflictos y estrés innecesario.

Tener la habilidad de decir no cuando la carga de trabajo es excesiva es igualmente crucial, pues permite a los empleados controlar su carga y evitar sentirse abrumados.

APLICACIÓN PRÁCTICA

Carla, una joven profesional que trabaja en el sector financiero, se está enfrentando a altos niveles de estrés debido a las exigencias constantes de su trabajo. Aunque se siente motivada por el desafío, también está empezando a experimentar ansiedad y agotamiento. Carla quiere entender cómo su personalidad y habilidades individuales pueden influir en la forma en que maneja el estrés laboral. ¿Cómo las características individuales afectan a la gestión del estrés laboral?

Solución

La resiliencia y la inteligencia emocional son habilidades clave que ayudan a mitigar el impacto del estrés laboral y pueden desarrollarse con el tiempo.

Continúa en página siguiente >>

<< Viene de página anterior

Las características individuales, como la resiliencia y la inteligencia emocional, desempeñan un papel crucial en la gestión del estrés laboral. La resiliencia permite adaptarse a situaciones adversas y convertirlas en oportunidades de crecimiento, mientras que la inteligencia emocional ayuda a reconocer y regular las emociones propias y de los demás.

2.4. Consecuencias del estrés laboral

El estrés laboral es un fenómeno cada vez más común en el mundo actual, en el que las expectativas laborales, los plazos ajustados y la carga de trabajo excesiva se han convertido en parte de la vida diaria. Las **consecuencias del estrés laboral** pueden ser:

- **Consecuencias físicas.** Con el tiempo, el estrés constante puede provocar el empeoramiento de enfermedades crónicas, como la diabetes o enfermedades cardíacas. Una persona que constantemente experimenta estrés en su lugar de trabajo podría desarrollar, por ejemplo, migrañas severas o hipertensión, lo que afectaría no solo a su desempeño laboral, sino también a su calidad de vida.
- **Consecuencias psicológicas.** Uno de los trastornos más comunes asociados con el estrés laboral es la ansiedad, que puede manifestarse en el lugar de trabajo a través de la irritabilidad, el miedo constante y la incapacidad para concentrarse. Otro impacto psicológico significativo es la depresión.
- **Consecuencias en el comportamiento.** El absentismo laboral aumenta a medida que los empleados lidian con enfermedades relacionadas con el estrés y buscan tiempo libre para recuperarse. Además, el estrés puede conducir a comportamientos poco saludables, como el abuso de sustancias, ya que algunas personas recurren a alcohol o drogas como una forma de aliviar su estrés.
- **Consecuencias en el rendimiento laboral.** El estrés afecta la concentración, la toma de decisiones y la memoria. Un empleado estresado puede cometer errores frecuentes, mostrar una disminución en la productividad y ser menos eficaz en la resolución de problemas.
- **Consecuencias en el entorno laboral.** El impacto del estrés laboral a nivel organizacional puede ser significativo. Un entorno de trabajo donde el estrés es generalizado puede experimentar un clima negativo, marcado por un aumento del conflicto interpersonal y la disminución de la cooperación entre compañeros.

El estrés prolongado puede tener **efectos dañinos a largo plazo** en la salud de los individuos. Diversas investigaciones han demostrado que el estrés crónico puede acelerar el proceso de envejecimiento celular y aumentar el riesgo de enfermedades graves. Además, las consecuencias del estrés laboral no se detienen en la puerta de la oficina, también afectan la **vida personal de los empleados,** lo cual puede interferir en sus relaciones familiares y sociales.

2.5. Prevención e intervención en estrés laboral

La prevención del estrés se posiciona no solamente como un mecanismo reactivo, sino como una **estrategia proactiva** esencial para minimizar las manifestaciones de estrés en el ámbito laboral. El objetivo primordial es abordar los factores estresantes antes de que se materialicen en consecuencias tangibles:

- **Identificación de factores de riesgo.** La sensibilización en torno a los desencadenantes del estrés es fundamental. Los factores pueden clasificarse en varios dominios, incluyendo organizacionales, ambientales o personales. La realización de evaluaciones periódicas permite a las organizaciones identificar áreas problemáticas o tareas excesivamente exigentes.
- **Promoción de un ambiente de trabajo saludable.** Crear un ambiente laboral positivo es esencial. Para ello, es necesario fomentar una cultura de apoyo mediante la comunicación abierta, la valorización del esfuerzo y el reconocimiento de logros. Las áreas comunes de descanso o las políticas de trabajo flexible también contribuyen a reducir la presión.
- **Fomentar habilidades de manejo del tiempo y resiliencia.** La capacitación constante para mejorar habilidades como la gestión eficiente del tiempo, la organización de tareas y la priorización puede reducir considerablemente el estrés.
- **Intervenciones de bienestar.** Las organizaciones pueden facilitar la participación en programas de bienestar físico y mental, como talleres de yoga, meditación o *mindfulness.* Estas prácticas promueven una mayor autoconciencia y templanza emocional.

Las **intervenciones,** por ende, son vitales para tratar situaciones agudas y evitar que el estrés desemboque en problemas más graves, como el agotamiento o enfermedades psicosomáticas. Algunas de ellas son:

- **Sistemas de apoyo psicológico.** Implementar servicios de asesoría psicológica o coaching personal dentro de la organización provee a los empleados de espacios seguros para expresar sus preocupaciones y recibir orientación. También es valioso contar con líneas de ayuda confidenciales que sean accesibles 24/7.

- **Intervenciones personalizadas.** Cada trabajador puede reaccionar de manera diferente al estrés, por lo que las intervenciones deben ser creadas a medida. Evaluar el nivel de estrés individual y establecer hojas de ruta personalizadas para su manejo pueden optimizar la eficacia de estas medidas.
- **Desarrollo de políticas de descanso y desconexión.** Las organizaciones deben reconocer el valor del descanso adecuado y la desconexión digital. Es fundamental el respeto hacia el tiempo personal de los empleados, como permitir notar horarios para no contestar correos fuera del horario laboral.
- **Reajuste y redistribución del trabajo.** La implementación de rotaciones laborales puede reducir el desgaste asociado a un escenario monótono. Además, asegurar una distribución equitativa del trabajo evita sobrecargas innecesarias y alienta una dinámica de equipo cooperativa.
- **Cultura de retroalimentación constante.** Fomentar intercambios regulares entre trabajadores y gestores ayuda a evitar que las tensiones se intensifiquen. Los gerentes deben ser formados para detectar sintomatologías de estrés en sus equipos, y también dotados de herramientas para intervenir de forma constructiva.

Prevenir e intervenir en el estrés laboral no es un esfuerzo de una sola vez, es una disciplina continua y dinámica que requiere el compromiso y la colaboración de toda la estructura organizacional.

3. El *burnout* o síndrome de desgaste profesional

☞ HILO CONDUCTOR

A medida que Manuel lidia con la presión constante de su jornada laboral, combinada con los retrasos recurrentes en la logística, corre el riesgo de desarrollar *burnout* o síndrome de desgaste profesional, si el estrés se vuelve crónico y no se gestiona a tiempo. Este proceso, que generalmente avanza en fases, comienza con el agotamiento emocional, que Manuel experimenta al sentir que nunca puede ponerse al día con las demandas. Luego podría desarrollar despersonalización, un distanciamiento psicológico de su trabajo, perdiendo interés en sus tareas habituales. Finalmente, sin intervención, podría llegar a una sensación de ineficacia o falta de logro, lo que afectaría tanto su desempeño como su bienestar general.

El ***burnout*** o **síndrome de desgaste profesional** es un fenómeno que ha cobrado protagonismo en las últimas décadas debido al creciente reconocimiento de sus efectos devastadores en la salud mental y física de los individuos, así como en la productividad y el ambiente organizacional.

 SABÍAS QUE...

El término *burnout* fue acuñado en la década de 1970 por el psicólogo Herbert Freudenberger, quien describió el síndrome como un estado de agotamiento físico y mental causado por el trabajo. Más tarde, Christina Maslach, una de las principales investigadoras del *burnout,* desarrolló el Maslach Burnout Inventory (MBI), una herramienta fundamental para medir el *burnout* a través de sus tres dimensiones clave.

Este síndrome se caracteriza por **tres dimensiones** principales:

Agotamiento emocional
- Se refiere a la sensación de estar emocionalmente exhausto y abrumado por las demandas del trabajo. Los individuos sienten que no tienen nada más que ofrecer emocionalmente y suelen experimentar fatiga crónica.

Despersonalización o cinismo
- Consiste en el desarrollo de una actitud negativa o distante hacia los receptores del servicio o el trabajo mismo. Las personas empiezan a ver a los compañeros de trabajo y a los clientes de forma deshumanizada, tratándolos como objetos más que como personas.

Baja realización personal
- Implica una percepción de ineficacia, fracaso o carencia de logros en el trabajo. Las personas con *burnout* sienten que no están logrando lo que deberían, lo que contribuye a una baja autoestima y a la insatisfacción laboral.

El *burnout* es un **fenómeno multifacético** que resulta de la interacción entre diversos factores individuales y organizacionales. A continuación, se exploran algunos de los más influyentes:

- **Sobrecarga de trabajo:** una carga de trabajo excesiva y constante es un precursor del agotamiento emocional. Las demandas laborales intensas sin suficientes recursos o tiempo para cumplirlas contribuyen significativamente al *burnout*.
- **Falta de control:** la falta de autonomía para tomar decisiones sobre la forma de realizar el trabajo puede sentirse restrictiva y desalentadora, lo cual alimenta la despersonalización y el agotamiento.
- **Recompensas inadecuadas:** la falta de reconocimiento y recompensa por un buen desempeño es desmoralizante y puede llevar a una baja realización personal.
- **Falta de justicia:** las percepciones de injusticia en el lugar de trabajo, ya sean derivadas de desigualdades salariales, favoritismo o procedimientos injustos, contribuyen al cinismo y al desgaste.
- **Valores conflictivos:** cuando los valores personales de un individuo chocan con la ética y la cultura de la organización, la disonancia resultante puede crear un estrés constante, lo cual alimenta el *burnout*.

El síndrome de desgaste profesional tiene **profundas implicaciones** tanto para los individuos como para las organizaciones. Algunas de ellas son:

- **Salud mental y física.** El *burnout* está relacionado con una serie de problemas de salud, incluidos trastornos de ansiedad, depresión, insomnio y condiciones somáticas, como enfermedades cardiovasculares.
- **Rendimiento laboral.** Los empleados que sufren de *burnout* tienden a mostrar bajos niveles de productividad, hecho que afecta a la eficiencia global de la organización.
- **Rotación del personal.** El estrés crónico contribuye a un aumento en la rotación del personal, lo que implica mayores costos para las organizaciones en procesos de reclutamiento y formación.
- **Clima organizacional.** El incremento del *burnout* en una organización puede conducir a un ambiente laboral tóxico, caracterizado por el aumento de conflictos, reducción de la colaboración y una erosión en la moral del equipo.

A su vez, la **prevención** y el **manejo del *burnout*** requieren un abordaje holístico, que incluya tanto acciones organizacionales como individuales:

Intervenciones organizacionales	Estrategias individuales
- Permitir que los empleados tengan un nivel razonable de control sobre sus tareas y horarios puede reducir el estrés y mejorar el compromiso; fomentar una cultura de reconocimiento constante no solo a través de recompensas económicas, sino también mediante el aprecio constructivo y el reconocimiento público; e implementar prácticas justas y transversales a todos los niveles de la organización para tratar temas de desigualdad y favoritismo.	- Entrenar a los empleados en habilidades de gestión del estrés y resiliencia para ayudarles a manejar cargas laborales exigentes. Alentar la búsqueda de oportunidades de formación y desarrollo personal que puedan aumentar la percepción de efectividad personal. Promocionar políticas como el teletrabajo y los horarios flexibles para facilitar el equilibrio entre las demandas laborales y personales.

Cultivar apoyo social
- Crear redes de apoyo entre compañeros de trabajo y superioridad jerárquica para facilitar un ambiente más cooperativo y de apoyo.

3.1. Concepto de *burnout* o síndrome de desgaste profesional

El *burnout* es considerado un **trastorno emocional resultante del estrés laboral crónico** que no ha sido gestionado de manera efectiva. Se caracteriza principalmente por tres dimensiones: **agotamiento emocional, despersonalización y una reducida sensación de logro personal.**

El **agotamiento emocional** representa la dimensión central del *burnout.* Se refiere a los sentimientos de estar emocionalmente exhausto y abrumado por las demandas del trabajo.

La **despersonalización** se manifiesta como una respuesta de desapego o cinismo hacia el trabajo y las personas asociadas con él, como clientes, pacientes o compañeros de trabajo. Esta dimensión revela un manejo disfuncional del estrés, donde el individuo comienza a tratar a las personas de manera impersonal, insensible y hasta fría.

Finalmente, la **reducida sensación de logro personal** se refiere a la tendencia a evaluar de manera negativa el trabajo propio, sintiendo una pérdida de competencia y éxito en las tareas laborales. Las personas en esta fase del *burnout* experimentan una incapacidad para encontrar satisfacción en su trabajo, sienten que sus esfuerzos no tienen sentido o que no pueden alcanzar sus metas personales ni profesionales.

3.2. Fases del proceso de *burnout*

El síndrome de *burnout* no surge de la noche a la mañana, sino que es el resultado de un proceso que pasa por **diversas etapas** antes de manifestarse completamente. Comprender estas fases nos permite **reconocer los signos tempranos** y, de esta manera, implementar estrategias efectivas para gestionar el estrés antes de que se convierta en un problema incapacitante. Estas fases son:

- **Entusiasmo laboral.** El primer estado en el proceso de *burnout* es el entusiasmo laboral, una fase que en sí misma no es negativa; de hecho, es natural y esperable cuando una persona inicia un nuevo rol o proyecto. El profesional experimenta una elevada motivación, está dispuesto a invertir energía y tiempo para alcanzar éxitos en su nuevo puesto. A menudo, hay una sensación de invencibilidad y optimismo inagotable.
- **Estancamiento.** A medida que el tiempo avanza, el entusiasmo temprano puede dar paso al estancamiento. Esta fase se caracteriza por la percepción de que, a pesar del esfuerzo continuado, el retorno en términos de satisfacción personal o profesional no es el esperado. Los trabajadores comienzan a sentir una carga laboral que no compensa las recompensas percibidas.
- **Frustración.** La frustración es una fase crítica del *burnout*. En este estado, el empleado puede experimentar sentimientos de impotencia, desapego emocional y desconexión de sus tareas laborales. Las metas pueden parecer inalcanzables y el individuo puede desarrollar una sensación de pérdida de control sobre su trabajo y su ambiente laboral.
- **Apatía.** Conforme la frustración se intensifica y persiste, puede llevar a una fase de apatía. En esta etapa, el trabajador tiende a desvincularse de sus responsabilidades, reduciendo al mínimo sus esfuerzos y motivación. Existe una pérdida de interés significativa y las expectativas iniciales sobre el trabajo ya no son relevantes. La apatía es posiblemente uno de los indicadores más claros de que un individuo está al borde de un *burnout* completo, ya que representa un estado emocional y físico de "congelamiento".

◘ **Desgaste y agotamiento.** La fase final es el desgaste y agotamiento total. En esta etapa, el trabajador siente que no le queda reserva energética, ni física ni emocional, para afrontar su trabajo, ni incluso sus deberes cotidianos fuera del entorno laboral. Hay un sentimiento de derrota y desesperanza. Salir de esta etapa puede requerir ayuda profesional.

El proceso puede ser distinto para cada persona, dependiendo de varios factores, como el **ambiente laboral,** las **características personales** y los **sistemas de soporte.** Además, distintos individuos pueden experimentar las fases con un diferente grado de severidad.

 TAREA 3

Clara es diseñadora gráfica. Comenzó a trabajar en una agencia de publicidad hace un año. En los primeros meses, estaba altamente motivada y sentía que su creatividad era apreciada por el equipo. Después de varios proyectos demandantes y sin reconocimiento significativo, comenzó a sentirse estancada, se preguntaba si sus esfuerzos valían la pena. Más tarde, experimentó una creciente frustración, se sentía desconectada de su trabajo y agotada por las altas expectativas. Ahora Clara se encuentra en un estado de apatía: cumple solo con lo estrictamente necesario y evita la interacción con sus colegas. Si esta situación persiste, corre el riesgo de alcanzar la fase de desgaste y agotamiento total, lo cual afectará a su salud física y mental.

1. Identifica las fases del *burnout* que Clara ha experimentado hasta el momento, explicando los cambios observados en su conducta y estado emocional.
2. Propón al menos dos estrategias preventivas que Clara podría adoptar para evitar alcanzar la fase final de desgaste y agotamiento.

3.3. Variables desencadenantes o antecedentes del *burnout*

Generalmente, el *burnout* se manifiesta como una respuesta crónica al estrés laboral sostenido, pero su origen se encuentra en una **combinación de factores personales, interpersonales y organizacionales** como los siguientes:

- **Sobrecarga de trabajo:** este se refiere a una situación en la que las demandas laborales sobrepasan la capacidad del empleado para completarlas de manera efectiva. Puede ser cuantitativa, con respecto al volumen de trabajo, o cualitativa, cuando las tareas requieren habilidades y conocimientos más allá de la capacidad del individuo.
- **Falta de control:** cuando los empleados sienten que tienen poco o ningún control sobre aspectos importantes de su trabajo, como los horarios, los métodos o interacciones en el ambiente laboral, es probable que experimenten una disminución en la motivación y en la satisfacción laboral.
- **Recompensas insuficientes:** las recompensas no balanceadas, ya sean económicas, de reconocimiento o crecimiento personal, pueden desencadenar el *burnout*. Cuando los individuos sienten que sus esfuerzos no son compensados adecuadamente, la motivación disminuye y se incrementa el riesgo de agotamiento emocional.
- **Falta de equidad:** el sentido de justicia y equidad en el lugar de trabajo tiene un impacto significativo en la moral de los empleados. Las situaciones en las que se perciben favoritismos, discriminaciones o injusticias sistemáticas pueden llevar a sentimientos de alienación y resentimiento. La percepción de inequidad puede socavar la cohesión del grupo y aumentar el estrés laboral, al fomentar un entorno de competencia negativa y desconfianza.
- **Valores en conflicto:** el conflicto de valores puede surgir cuando las actividades laborales van en oposición a las creencias personales del individuo, lo cual genera disonancia cognitiva. Esto no solo debilita el compromiso, sino que también puede provocar un sentido de desilusión y falta de propósito en el trabajo.
- **Relación interpersonal deficiente:** las relaciones tensas, los conflictos recurrentes, la falta de apoyo social o el aislamiento pueden erosionar la satisfacción laboral y potenciar el riesgo de *burnout*. Un soporte social deficiente empobrece el entorno de trabajo y el individuo se siente desamparado para afrontar las adversidades.
- **Falta de crecimiento profesional:** la sensación de estancamiento en sus carreras puede ser inducida por la falta de oportunidades de crecimiento profesional. La incapacidad de avanzar o desarrollarse en sus roles puede incrementar la frustración y la insatisfacción.
- **Cambios organizacionales:** las organizaciones en constante transformación pueden dejar a sus empleados inciertos y desorientados. Los cambios en las políticas, de liderazgo o de estructura a menudo alteran el entorno laboral de manera impredecible.
- **Tecnología y conexión constante:** la tecnología, aunque esencial en el mundo laboral moderno, ha borrado cada vez más las barreras entre el trabajo y la vida personal. El acceso constante a correos electrónicos y dispositivos móviles puede llevar a una cultura de ritmo acelerado en la que los trabajadores sienten la presión de estar "siempre disponibles".

El análisis de diferentes sectores revela que las variables desencadenantes pueden variar **según el contexto laboral.**

 EJEMPLO

El sector de la salud es notorio por su alta incidencia de *burnout*, en gran medida debido a la carga emocional inherente y la sobrecarga de trabajo.

Por otro lado, el **sector corporativo** a menudo se caracteriza por recompensas económicas competitivas, pero también por largas jornadas laborales y alta presión para alcanzar objetivos cuantificables. Aquí, la falta de control y recompensas insuficientes destacan como desencadenantes predominantes. En contraste, los trabajadores sociales lidian con **desafíos en conflicto de valores y relaciones interpersonales,** dada la naturaleza de su trabajo en ambientes vulnerables.

3.4. Consecuencias del *burnout*

El *burnout* se caracteriza por **tres dimensiones principales:** agotamiento emocional, despersonalización y una percepción reducida de logro personal.

Una de las consecuencias más evidentes del *burnout* tiene que ver con el **impacto físico** y **emocional:**

Fatiga crónica	- Se manifiesta en una reducción drástica de energía. Las personas afectadas se sienten constantemente cansadas y desmotivadas, lo cual dificulta no solo su desempeño laboral, sino también las actividades cotidianas fuera del trabajo.
Trastornos psicológicos	- El agotamiento emocional puede derivar en condiciones más graves como la depresión y la ansiedad. En casos extremos, los afectados pueden experimentar ideación suicida, debido a la sensación de estar atrapados en una situación sin salida, lo que subraya la necesidad de una intervención temprana.

IMPORTANTE

El estrés crónico asociado al *burnout* puede provocar trastornos del sueño, hipertensión, problemas cardiovasculares y un sistema inmunológico debilitado. Estos efectos, a menudo prolongados, incrementan el riesgo de enfermedades crónicas y reducen la calidad de vida de los afectados.

Otras consecuencias son **psicológicas** y **relacionales:**

> **Despersonalización**
> - Los individuos afectados suelen desarrollar un distanciamiento emocional, tratan a otros como objetos en lugar de personas. En el ámbito laboral, esto se traduce en una disminución de la empatía, que lleva a interacciones impersonales o incluso hostiles.

> **Percepción reducida de logro personal**
> - Las personas con *burnout* comienzan a dudar de sus habilidades, lo que afecta su autoestima y fomenta un círculo vicioso de bajo rendimiento y desmotivación. Esto genera insatisfacción laboral e incrementa la probabilidad de rotación de personal en las empresas.

El *burnout* también tiene **repercusiones organizacionales:**

> **Ausentismo y rotación**
> - Los empleados quemados tienden a tomar más licencias por enfermedad, lo que aumenta el ausentismo. La insatisfacción laboral puede derivar en una mayor rotación de personal, lo que implica costos significativos de reclutamiento y capacitación para las organizaciones.

> **Disminución de la productividad**
> - La falta de energía y motivación repercute en una comunicación deficiente y la pérdida de cooperación entre equipos, y esto erosiona el desempeño general de la empresa.

NOTA

El agotamiento emocional y la irritabilidad generan conflictos en las relaciones familiares y personales. Los afectados suelen priorizar las demandas laborales sobre sus responsabilidades familiares, causando tensiones y resentimiento en sus círculos más cercanos.

Por último, el *burnout* también tiene **consecuencias económicas:**

- ➲ **Impacto personal:** los problemas de salud mental y física asociados al *burnout* pueden generar costos elevados en atención médica y psicológica para los individuos.
- ➲ **Impacto organizacional:** las empresas sufren pérdidas económicas debido a la disminución de la productividad y los costos asociados a la rotación de empleados.
- ➲ **Impacto societal:** a nivel social, el *burnout* contribuye a la sobrecarga de los sistemas de salud: incrementa los gastos en atención médica y afecta a la productividad global de la fuerza laboral.

3.5. Prevención e intervención del *burnout*

La **prevención del *burnout*** no solo implica medidas reactivas, sino también proactivas y sistémicas, que involucran a individuos, líderes y organizaciones en su conjunto. A continuación, se exponen algunas de las **estrategias más efectivas:**

- ➲ **Fomentar un ambiente de trabajo equilibrado.** Las organizaciones deben priorizar la creación de un entorno que valore el equilibrio entre la vida laboral y personal. Esto puede lograrse adoptando políticas de horarios flexibles, promoviendo el teletrabajo o permitiendo pausas regulares durante la jornada laboral.
- ➲ **Promover una cultura de apoyo y comunicación abierta.** Un entorno donde los empleados se sientan cómodos expresando sus preocupaciones y su estrés es fundamental. Los líderes deben fomentar una comunicación abierta para que los trabajadores puedan compartir sus experiencias sin temor a represalias o juicios.
- ➲ **Formación y desarrollo continuo.** Ofrecer oportunidades de crecimiento profesional es crucial para mantener a los empleados comprome-

tidos. La capacitación en habilidades de manejo del estrés, resolución de conflictos y gestión del tiempo mejora la resiliencia de los empleados frente a situaciones estresantes.

⮑ **Identificación temprana de síntomas.** La evaluación regular del entorno laboral para detectar signos de *burnout* puede prevenir su desarrollo. Las encuestas de clima laboral y las evaluaciones de desempeño pueden ayudar a identificar áreas problemáticas a tiempo. Además, se pueden usar herramientas de evaluación psicológica, como el inventario de *burnout* de Maslach, para monitorear el bienestar psicológico de los empleados.

⮑ **Reconocimiento y recompensas.** El reconocimiento del esfuerzo y los logros de los empleados, tanto en público como en privado, incrementa la moral y el compromiso. Establecer un sistema de recompensas enlazado al rendimiento puede motivar a los empleados y reducir el desgaste emocional.

En situaciones en que la prevención no es suficiente o los síntomas de *burnout* ya se han manifestado en los empleados, una **intervención rápida y eficaz** es vital para mitigar el impacto del síndrome. Aquí presentamos algunas **estrategias:**

⮑ **Proveer acceso a servicios profesionales:** facilitar a los empleados acceso a servicios de asesoría psicológica o *coaching* ejecutivo puede ser de gran ayuda. Los profesionales de la salud mental pueden ofrecer terapias centradas en soluciones y estrategias de manejo del estrés adaptadas a las necesidades individuales.

⮑ **Devuelve sentido y control al empleado:** el *burnout* a menudo se agrava cuando los empleados sienten falta de control o sentido en su trabajo. Redistribuir tareas, establecer metas alcanzables y permitir que los empleados tengan un grado razonable de autonomía puede devolverles un sentido de propósito.

⮑ **Desarrollo de planes de intervención personalizados:** un enfoque de talla única rara vez es efectivo. Las organizaciones deben colaborar con cada empleado afectado para desarrollar un plan de recuperación personalizado que aborde sus necesidades únicas. Este plan debe ser flexible y adaptarse conforme a la evolución del empleado.

⮑ **Crear un entorno inclusivo y diversas dinámicas laborales:** promover la inclusión y diversidad en el lugar de trabajo fomenta un sentido de pertenencia y valor entre los empleados, lo cual puede contrarrestar la despersonalización asociada al *burnout.*

⮑ **Reevaluar estructuras y roles organizacionales:** ajustar las cargas de trabajo, redefinir responsabilidades y asegurarse de que los recursos sean suficientes para las tareas puede reducir significativamente la presión.

A modo de conclusión, la prevención y la intervención del *burnout* requieren una **conciencia y un compromiso genuinos por parte de las organizaciones.** Los beneficios de abordar el *burnout* no solo son inmediatos, en términos de bienestar del empleado, sino también a largo plazo, lo cual fomenta un ambiente de trabajo positivo y productivo.

 ACTIVIDAD COMPLEMENTARIA

3. Identifica en el documento que se expone a continuación las principales consecuencias del síndrome de *burnout* en el ámbito laboral y analiza cómo estas afectan la seguridad y salud de los trabajadores: "Consecuencias del síndrome de *burnout* en el trabajo y estrategias de prevención de riesgos para la seguridad y salud laboral".

Puedes acceder al documento desde aquí:

https://redirectoronline.com/ctrr00140201

¿Qué estrategias de prevención propuestas en el documento te parecen más efectivas para mitigar estos riesgos y por qué?

4. Resumen

El **estrés laboral** es una respuesta física y emocional ante demandas laborales que superan los recursos individuales de afrontamiento. Sus manifestaciones pueden ser:

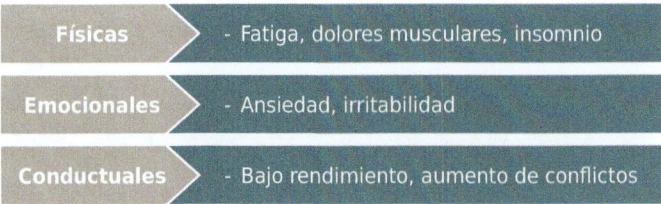

El *burnout* **o síndrome de desgaste profesional** es el resultado del estrés laboral crónico. Sus dimensiones clave son:

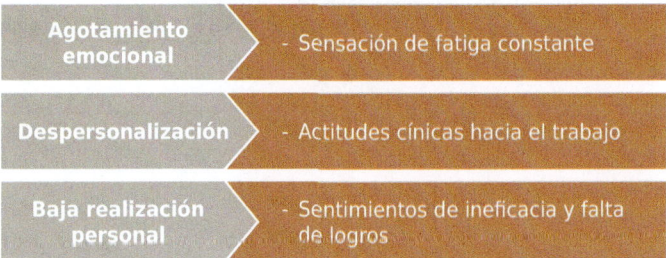

Además, tiene consecuencias para los **individuos** (problemas de salud física y mental) y para las **organizaciones** (alta rotación de personal y pérdida económica).

Las estrategias de manejo del estrés y el *burnout* son:

1. **Prevención del estrés laboral:**

   ◉ **Individual:** fomentar la resiliencia y la inteligencia emocional, establecer límites entre vida personal y laboral.
   ◉ **Organizacional:** rediseñar tareas para evitar sobrecarga, crear redes de apoyo dentro del trabajo.

2. **Gestión del *burnout*:**

   ◉ **Reconocer fases tempranas:** entusiasmo laboral: alta energía inicial; estancamiento: falta de motivación; frustración: desconexión emocional; apatía: desinterés total.
   ◉ **Intervenciones:** programas de apoyo psicológico, reducción de cargas laborales.

Por último, los principales **factores individuales y organizacionales** son:

Factores personales
- Rasgos de personalidad (neuroticismo y perfeccionismo aumentan el riesgo), habilidades (resolución de problemas y comunicación efectiva mitigan el estrés), diferencias culturales y de género (influyen en la percepción y manejo del estrés).

Factores organizacionales
- Estresores comunes (plazos ajustados, carga laboral excesiva, conflictos interpersonales), impacto (pérdida económica y deterioro del clima laboral).

Ejercicios de autoevaluación
Unidad de Aprendizaje 2

1. ¿Qué caracteriza al estrés laboral según su definición?

    a. Una respuesta exclusivamente emocional a las demandas laborales.

    b. Un desequilibrio percibido entre las demandas del trabajo y la capacidad del individuo para manejarlas.

    c. Una reacción positiva que incrementa la productividad a largo plazo.

    d. Una respuesta que se origina únicamente por factores externos al trabajo.

2. Según el modelo de los cinco grandes rasgos de personalidad, ¿cuál de estos factores está relacionado con una mayor propensión al estrés?

    a. Apertura a la experiencia

    b. Responsabilidad

    c. Neuroticismo

    d. Extraversión

3. ¿Qué estrategia se considera efectiva para prevenir el estrés laboral en el entorno organizacional?

    a. Incrementar la carga de trabajo para mejorar la eficiencia.

    b. Fomentar redes de apoyo social dentro y fuera del lugar de trabajo.

    c. Evitar completamente las evaluaciones de desempeño.

    d. Reducir las expectativas del equipo sin una planificación clara.

4. ¿Cómo afecta el estrés laboral crónico al rendimiento de los trabajadores según la curva de desempeño de Yerkes-Dodson?

    a. El rendimiento mejora constantemente con el aumento del estrés.

    b. El rendimiento disminuye una vez que el estrés supera un nivel óptimo.

    c. No hay relación entre el estrés y el rendimiento laboral.

    d. El rendimiento aumenta solo si el estrés es negativo.

5. El síndrome de *burnout* comienza con el agotamiento emocional, seguido por la despersonalización y...

    a. ... una mejora en las relaciones laborales.
    b. ... una reducción en la realización personal.
    c. ... una mayor creatividad laboral.
    d. ... un incremento en la productividad personal.

6. Indica si la siguiente oración es verdadera o falsa: "La inteligencia emocional juega un papel crucial en la gestión efectiva del estrés laboral".

    ■ Verdadero
    ■ Falso

7. ¿Qué característica individual ayuda a las personas a adaptarse mejor al estrés laboral y utilizarlo como una oportunidad para el crecimiento personal?

    a. Neuroticismo
    b. Resiliencia
    c. Falta de responsabilidad
    d. Baja inteligencia emocional

8. ¿Qué impacto puede tener el estrés laboral crónico en las organizaciones?

    a. Reducción de la rotación de personal.
    b. Aumento de la productividad a largo plazo.
    c. Incremento de costos asociados al ausentismo y rotación de empleados.
    d. Mejora en la moral del equipo de trabajo.

9. ¿Qué dimensión del *burnout* se refiere al desapego o cinismo hacia el trabajo y las personas asociadas con él?

    a. Agotamiento emocional
    b. Despersonalización
    c. Reducción de la realización personal
    d. Aumento de la motivación

10. **¿Cuál de las siguientes afirmaciones describe una estrategia de prevención efectiva para evitar el *burnout*?**

    a. Ignorar las señales iniciales de agotamiento emocional.
    b. Establecer límites claros entre el trabajo y la vida personal.
    c. Evitar redes de apoyo social para mantener la independencia.
    d. Incrementar las tareas repetitivas para reducir la carga mental.

Técnicas de relajación y *mindfulness*

Contenido

Objetivos

El objetivo general de esta unidad de aprendizaje es:

→ Proporcionar las herramientas y habilidades necesarias para aprender y aplicar técnicas de relajación y *mindfulness* como estrategias efectivas para gestionar el estrés y cultivar la atención plena en entornos laborales exigentes.

Los objetivos específicos de esta unidad de aprendizaje son:

→ Comprender los fundamentos teóricos de las técnicas de relajación y *mindfulness.*

→ Conocer ejercicios de relajación progresiva y entrenamiento autógeno.

→ Familiarizarse con los principios básicos del *mindfulness* y su aplicación práctica.

→ Aprender cómo integrar técnicas de relajación y *mindfulness* en la rutina laboral para mejorar el bienestar y la productividad.

→ Aplicar las técnicas de *mindfulness* para manejar el estrés en un entorno laboral de alta presión.

1. Introducción

En la actualidad, el ritmo acelerado de la vida y las crecientes demandas laborales y personales nos exponen a niveles de estrés que, si no son gestionados, pueden comprometer nuestro bienestar físico y emocional. Aunque pequeñas dosis de estrés pueden ser motivadoras, su acumulación prolongada puede dar lugar a trastornos físicos (como problemas cardiovasculares o del sueño) y psicológicos (como la ansiedad). Encontrar maneras eficaces de manejar la presión se ha convertido en una prioridad para mantener un equilibrio saludable entre la vida personal y profesional.

Las técnicas de relajación y el *mindfulness* han surgido como herramientas fundamentales para gestionar el estrés. Algunos métodos como la relajación progresiva de Edmund Jacobson, que alivia la tensión muscular acumulada, o el entrenamiento autógeno de Johannes Schultz, que utiliza la autosugestión para inducir calma, son efectivos y accesibles. Asimismo, el *mindfulness,* basado en la conciencia plena, ha demostrado ser una práctica transformadora para reducir el estrés y fomentar la resiliencia emocional.

Imaginemos a Manuel enfrentando una jornada particularmente exigente en la línea de ensamblaje. A lo largo de esta unidad, exploraremos cómo técnicas específicas para la gestión del estrés pueden ayudarle a transformar desafíos diarios en oportunidades para desarrollar serenidad y control emocional, adaptándose mejor a su entorno laboral.

2. Técnicas de relajación

☞ HILO CONDUCTOR

Imagina a Manuel al final de una jornada de trabajo intensa. Sus músculos están tensos y tiene fatiga acumulada por las tareas repetitivas en la línea de ensamblaje. Al practicar la relajación progresiva de Jacobson, se toma unos minutos para tensar y relajar sistemáticamente distintos grupos musculares, comenzando por los pies y avanzando hasta el cuello. Este ejercicio no solo alivia la tensión física, sino que también le permite desconectarse mentalmente de las preocupaciones laborales, brindándole una sensación de calma inmediata.

En el mundo acelerado y multidimensional de hoy en día, las técnicas de relajación son herramientas vitales para **manejar el estrés y optimizar el equilibrio emocional y mental.** La habilidad para relajarse no solo es importante para la salud física y mental, sino también es una práctica fundamental para **potenciar la productividad y la creatividad,** especialmente en entornos laborales demandantes.

Las principales **técnicas de relajación** son las siguientes:

⮞ **Respiración profunda y consciente.** La respiración es una de las técnicas de relajación más accesibles y efectivas. Al centrarnos en este proceso natural, se puede inducir una respuesta de relajación en el cuerpo, que contrarresta los efectos del estrés. La respiración profunda implica inhalar lenta y profundamente por la nariz, permitiendo que el abdomen se expanda completamente. Luego, se debe exhalar lentamente por la boca. Este simple acto puede realizarse en cualquier momento y lugar, lo que reduce la frecuencia cardiaca y calma la mente.

⮞ **Relajación muscular progresiva.** Desarrollada por Edmund Jacobson en la década de 1920, la relajación muscular progresiva (RMP) es una técnica que implica tensar y luego relajar sistemáticamente diferentes grupos musculares del cuerpo. Comienza sentándote o acostándote en una posición cómoda. Se empieza por los pies, tensando los músculos lo suficiente para sentir el estrés, y luego se relajan lentamente. Se avanza por las piernas, el abdomen, los brazos, hasta llegar a la cabeza. Este ejercicio no solo ayuda a liberar la tensión física acumulada, sino que también aumenta la conciencia sobre las áreas del cuerpo que tienden a ser más susceptibles al estrés.

⮞ **Visualización o imagería guiada.** La visualización es una poderosa técnica de relajación que utiliza la imaginación para transportar la mente a un lugar de calma y paz. Consiste en cerrar los ojos y visualizar un ambiente tranquilo, como una playa desierta o un bosque sereno. Al concentrarte en los detalles sensoriales, como el suave murmullo de las olas o el canto de los pájaros, tu mente comienza a crear una potente respuesta de relajación. La práctica regular de la imagería guiada puede reducir significativamente los niveles de estrés y ayudar a mejorar la concentración y la claridad emocional.

⮞ **Meditación.** La meditación es una técnica ancestral que ha ganado un inmenso reconocimiento en las últimas décadas. La práctica regular de la meditación puede resultar en una disminución notable de la ansiedad y el estrés, así como favorecer una mayor estabilidad emocional. Existen múltiples formas de meditación, pero una de las más sencillas para principiantes es la meditación consciente *(mindfulness)*. Esto implica sentarse en silencio, enfocarse en la respiración o en la repetición de un mantra, y dejar que los pensamientos vayan y vengan sin juicio.

- **Yoga.** El yoga combina la meditación, la respiración y las posturas físicas para crear una completa técnica de relajación y bienestar. Al practicar yoga, los individuos aprenden a conectar cuerpo y mente, facilitando un estado de meditación en movimiento. El yoga no solo mejora la flexibilidad y la fuerza, sino que también reduce el estrés y la ansiedad a través de la conexión consciente con cada movimiento y respiración.
- **Autohipnosis.** La autohipnosis es una técnica más avanzada que permite a los individuos inducir un estado de profunda relajación y concentración interna. A menudo, se utiliza para superar el estrés, la ansiedad y los hábitos no deseables. Mediante autohipnosis, una persona aprende a guiar su mente a través de sugestiones positivas, generando estados de relajación y enfoque mental.
- **Baños de sonido.** Los baños de sonido son experiencias increíbles que utilizan cuencos tibetanos, gongs y otras fuentes sonoras para inducir estados de relajación profunda. La vibración producida por estos instrumentos puede ayudar a calmar la mente, reducir la ansiedad y facilitar un descanso profundo. Las frecuencias sonoras afectan diferentes áreas del cerebro, equilibrando los estados internos y favoreciendo una reconexión pacífica con el momento presente.
- **Aromaterapia.** La aromaterapia usa aceites esenciales y fragancias naturales para fomentar la relajación y mejorar el estado de ánimo. Algunos aceites como la lavanda, la manzanilla y el eucalipto son populares por sus propiedades relajantes. Puedes aplicar unas gotas de un aceite esencial en las muñecas, usarlo en un difusor o añadirlo a un baño caliente para disfrutar de sus efectos calmantes.

IMPORTANTE

Cultivar un repertorio de métodos de relajación personalizados ayuda a mantener el equilibrio entre una mente tranquila y un cuerpo energizado, permitiendo que los desafíos de la vida se gestionen con una mayor resiliencia y serenidad.

2.1. La relajación progresiva de Jacobson

La **relajación progresiva de Jacobson** es una técnica de relajación profunda y sistemática que ha sido utilizada ampliamente en el manejo del estrés, la ansiedad y diversas tensiones físicas. Desarrollada por el médico y fisiólogo **Edmund Jacobson** en la década de 1920, se basa en la premisa de que **las emociones están ligadas a la tensión muscular,** y que, al aprender a relajar los músculos del cuerpo, se puede alcanzar un estado de calma mental.

La relajación progresiva de Jacobson sigue un **enfoque secuencial,** en el cual se realiza una contracción metódica, seguida de una relajación de diferentes grupos musculares del cuerpo. El objetivo principal es aprender a distinguir entre la sensación de tensión y la de relajación, para luego aplicar esta habilidad en el control del estrés.

Los principios básicos de esta técnica se sustentan en la **identificación, comprensión y manejo de tensiones involuntarias.** Los **conceptos** fundamentales son:

Conciencia del cuerpo
- Jacobson enfatizaba que cada emoción siente un correlato físico y que muchas personas llevan consigo tensiones crónicas sin ni siquiera darse cuenta. La práctica de este método cultiva una mayor conciencia corporal.

Contracción y relajación
- El proceso comienza con la tensión deliberada de un grupo muscular específico durante un intervalo breve, seguido por el relajamiento de ese grupo. Este ciclo se repite a lo largo del cuerpo con el propósito de lograr una sensación de relajación profunda.

Mindfulness muscular
- Aunque no se asocia directamente con el concepto moderno de *mindfulness*, el hecho de concentrarse en los músculos específicos y en cada etapa de la relajación sintoniza mucho con el enfoque consciente.

La relajación progresiva de Jacobson se puede realizar en cualquier lugar tranquilo donde uno pueda sentarse o recostarse cómodamente. La técnica puede durar entre 15 y 30 minutos, y sigue un proceso ordenado que puede incluir los siguientes **grupos musculares:**

⊃ **Manos y brazos:** comienza cerrando el puño derecho con fuerza. Mantén la contracción durante unos cinco segundos y luego suelta lentamente, dejando que toda la tensión se disipe. Repite con el puño izquierdo y luego ambos brazos al mismo tiempo.

- **Cuello y hombros:** encoge los hombros hacia las orejas y mantén la tensión durante cinco segundos. Suelta los hombros de forma lenta y deliberada, permitiendo que caigan y se relajen por completo en su posición natural.
- **Cara:** frunce el ceño y aprieta los ojos, manteniendo la tensión durante unos segundos antes de relajarlos. Sigue con otras áreas faciales como la mandíbula, permitiéndote reconocer la diferencia entre tensión y relajación.
- **Pecho y abdomen:** inhala profundamente y tensa el pecho y el abdomen durante cinco segundos. Exhala relajando poco a poco estos músculos.
- **Espalda:** arquea ligeramente la parte inferior de la espalda para sentir tensión y luego suéltala cuidadosamente.
- **Piernas y pies:** empieza con una pierna, tensionando los músculos del muslo y luego el pie, antes de relajarlos. Repite con la otra pierna para completar el ciclo de relajación progresiva.

El empleo regular de esta técnica tiene múltiples **beneficios tanto a nivel físico como emocional.** Algunos de los **beneficios** más notables incluyen:

- **Reducción de la ansiedad y el estrés.** Los ejercicios ayudan a interrumpir el ciclo de reacción de tensión ante eventos estresantes al relajar físicamente el cuerpo, lo que a su vez relaja la mente.
- **Mejora en la calidad del sueño.** Al introducir una rutina de relajación antes de dormir, se puede lograr un descanso más profundo y recuperador, disminuyendo problemas de insomnio.
- **Incremento de la conciencia corporal.** A través del desarrollo de una percepción más aguda sobre la tensión muscular, se puede detectar rápidamente cuándo el cuerpo responde al estrés.
- **Disminución de problemas psicosomáticos.** Como la técnica alivia la tensión física, muchas condiciones relacionadas con el estrés, como dolores de cabeza, dolores musculares y problemas digestivos, pueden mejorar.
- **Mejora del bienestar emocional.** Al sentirse físicamente más relajados, las personas a menudo reportan mejoras en su estado de ánimo, una mayor energía y una sensación general de bienestar.

Para aprovechar al máximo esta técnica, es recomendable integrar sesiones regulares en la rutina diaria, especialmente en momentos en los que el estrés se manifiesta de manera significativa. Aquí hay algunos **consejos para implementar la técnica de manera efectiva:**

- **Crear un entorno apropiado.** Encuentra un espacio tranquilo y cómodo, donde no seas interrumpido. Utilizar luces tenues o música suave puede ayudar a definir un ambiente propicio para la relajación.

- **Compromiso y consistencia.** Como cualquier técnica de desarrollo personal, la regularidad es clave para ver resultados duraderos. Intenta comenzar con sesiones de 20 minutos al día, aumentando o disminuyendo según sus necesidades personales.
- **Incorporar respiración consciente.** A medida que se avanza de un grupo muscular a otro, toma tiempo para notar cómo la respiración afecta la tensión y relajación. Practica respiraciones profundas durante cada etapa para enriquecer la experiencia.
- **Combinar con otras técnicas.** La relajación progresiva puede ser combinada con otras estrategias como la meditación o la atención plena, para potenciar su efecto y llevar a una relajación más completa del cuerpo y la mente.
- **Escuchar al cuerpo.** Siempre es importante adaptarse a las necesidades de su propio cuerpo, evitando forzar la tensión o la relajación en áreas sensibles o lesionadas.

La práctica continua y consciente de esta técnica no solo facilita la relajación física, sino que también abre el camino a una **mayor conciencia y control emocional,** con lo que mejora así la calidad de vida en un nivel holístico.

 ACTIVIDAD COMPLEMENTARIA

4. Busca un estudio reciente que explore la efectividad de la relajación progresiva de Jacobson en pacientes con ansiedad. Identifica los objetivos del estudio, el diseño de la investigación, las características de los participantes, los resultados obtenidos y las conclusiones sobre la efectividad de esta técnica.

2.2. El entrenamiento autógeno de Schultz

El entrenamiento autógeno de Schultz es una técnica de relajación destinada **a promover un estado de autoinducción de calma y equilibrio psicosomático.** Diseñada originalmente por el psiquiatra alemán Johannes Heinrich Schultz en la década de 1920, esta metodología se ha convertido en un pilar dentro del ámbito de las técnicas de relajación. Al igual que la relajación progresiva de Jacobson, el entrenamiento autógeno busca **reducir el estrés y mejorar el bienestar general del individuo.**

SABÍAS QUE...

La técnica autógena se desarrolló a partir de la observación de los efectos del hipnotismo y la autohipnosis. Schultz se dio cuenta de que los pacientes bajo hipnosis experimentaban sensaciones específicas de peso y calor en sus extremidades, acompañadas de una disminución de la actividad del sistema nervioso simpático y un aumento del tono parasimpático. Inspirado por estas experiencias y con una base en la psicofisiología, Schultz concibió el entrenamiento autógeno como una serie de ejercicios autoadministrados que inducen un estado similar al hipnótico, pero sin necesitar un hipnotizador.

El entrenamiento autógeno se centra en la **autosugestión** y el **control mental.** El individuo se entrena para alcanzar un estado de relajación profunda mediante frases autoafirmativas repetidas interiormente. La técnica propone que, al igual que la mente puede tensar los músculos y provocar estrés, también puede relajarlos e inducir una sensación de bienestar. A lo largo del entrenamiento, el practicante aprende a **regular conscientemente varias funciones corporales,** como la respiración, el ritmo cardíaco y la tensión muscular, utilizando la autosugestión.

El entrenamiento consta de dos **niveles:**

1. **Nivel inferior o básico.** Este nivel se enfoca en seis ejercicios fundamentales:

   ○ **Ejercicio de pesadez:** el objetivo es inducir una sensación de pesadez en el cuerpo, comenzando por los brazos y extendiéndose al resto del cuerpo. La respuesta fisiológica pretende mimetizar la relajación muscular total.
   ○ **Ejercicio de calor:** el siguiente paso es sugerir a uno mismo la sensación de calor, lo que ayuda a dilatar los vasos sanguíneos y estimular la circulación.
   ○ **Regulación cardíaca:** aquí, el enfoque se desplaza hacia la percepción del corazón, promoviendo una sensación de latidos fuertes y regulares.
   ○ **Regulación de la respiración:** el practicante toma conciencia de su respiración, permitiendo que se vuelva lenta y natural, sin forzar ninguna fase del ciclo respiratorio.

○ **Calor en el plexo solar:** esto implica centrar la atención en el abdomen, visualizando calidez en esta área central del cuerpo, lo que genera efectos de relajación generalizada.

○ **Frescor en la frente:** finalmente, se sugiere a uno mismo una sensación de frescor en la frente, ayudando a aclarar y refrescar la mente.

2. **Nivel superior o avanzado.** Incluye ejercicios que se enfocan más en la autoimagen, visualización y exploración de problemas emocionales o existenciales. Estos son más introspectivos y tienen el objetivo de desarrollar un autodescubrimiento profundo.

En términos físicos, los practicantes a menudo reportan mejoras en condiciones tales como dolores de cabeza, hipertensión y trastornos del sueño.

El estrés laboral puede afectar al sueño de la persona.

El entrenamiento autógeno ayuda a desbloquear el ciclo de tensión muscular crónica, al inducir un estado de relajación a través de la influencia directa sobre el sistema nervioso autónomo, generalmente mediado por la actividad del nervio vago. Integrar esta técnica en la rutina diaria es un **proceso gradual** que requiere compromiso.

 **APLICACIÓN PRÁCTICA**

Elena, gerente de recursos humanos de una gran empresa, busca introducir técnicas de relajación en su rutina diaria para manejar mejor

Continúa en página siguiente >>

<< Viene de página anterior

el estrés laboral. Después de investigar varias opciones, se interesa en el entrenamiento autógeno de Schultz. Quiere entender cómo funciona y cuáles son sus beneficios. Describe correctamente el entrenamiento autógeno de Schultz y sus beneficios, para ayudar a Elena.

Solución

El entrenamiento autógeno de Schultz es una técnica de relajación basada en la autosugestión. El individuo utiliza frases autoafirmativas para alcanzar un estado de relajación profunda. Esto permite regular conscientemente funciones corporales como la respiración, el ritmo cardíaco y la tensión muscular, promoviendo tanto beneficios psicológicos como fisiológicos.

---

3. El *mindfulness*

☞ HILO CONDUCTOR

Al incorporar la práctica del *mindfulness* en su rutina, Manuel aprende a mantener su atención en el presente, reduciendo el impacto de los pensamientos anticipatorios y las preocupaciones que normalmente lo distraen en su trabajo. Por ejemplo, durante una tarea repetitiva en la línea de ensamblaje, Manuel practica concentrarse únicamente en los movimientos de sus manos y la cadencia del ensamblaje, evitando que su mente divague hacia plazos o conflictos pendientes. Esta técnica lo ayuda a experimentar cada momento con mayor claridad y enfoque, disminuyendo su nivel de estrés y aumentando su productividad.

El *mindfulness* o atención plena es una práctica y técnica milenaria que se ha vuelto fundamental en la gestión del estrés y el trabajo bajo presión. Derivado de la tradición budista, el *mindfulness* ha sido adaptado en la cultura occidental como una herramienta poderosa para mejorar el bienestar personal y profesional. Su objetivo principal es **enfocar la atención en el momento presente,** aceptando y observando los pensamientos, sentimientos y sensaciones corporales sin juicio. A través de una práctica disciplinada, se desarrollan habilidades que propician una **respuesta más consciente a las situaciones estresantes.**

Para comprender el *mindfulness* es esencial entender sus **principios** fundamentales:

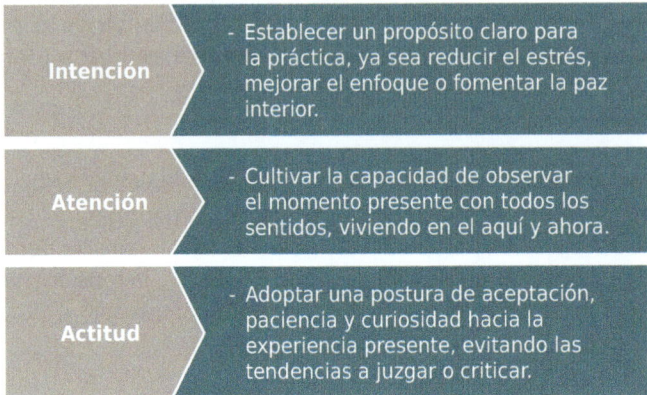

- **Intención**: Establecer un propósito claro para la práctica, ya sea reducir el estrés, mejorar el enfoque o fomentar la paz interior.

- **Atención**: Cultivar la capacidad de observar el momento presente con todos los sentidos, viviendo en el aquí y ahora.

- **Actitud**: Adoptar una postura de aceptación, paciencia y curiosidad hacia la experiencia presente, evitando las tendencias a juzgar o criticar.

La práctica de *mindfulness* se puede dividir en dos **métodos** primordiales:

Práctica formal	Práctica informal
- Implica establecer un tiempo específico del día para meditar, utilizando técnicas como la meditación sentada, que consiste en centrar la atención en la respiración, el escaneo corporal, en notar las sensaciones físicas en cada parte del cuerpo; o la meditación caminando, que involucra prestar atención a los movimientos del cuerpo mientras se camina. A través de estas técnicas, se cultiva una mayor conciencia del cuerpo y la mente, mejorando la capacidad de respuesta al estrés y la ansiedad cotidianas.	- Se integra en las actividades diarias. Consiste en llevar una conciencia intencionada a las tareas cotidianas, como cepillarse los dientes, comer o ducharse. Por ejemplo, al comer, en lugar de distraerse con la televisión o el teléfono, se anima a concentrarse en los sabores, texturas y aromas de los alimentos, y cómo el cuerpo responde a ellos. Esta práctica ayuda a sacar al practicante del piloto automático mental y fomenta una conexión más profunda con la vida diaria.

NOTA

Diversos estudios han demostrado que la práctica regular de *mindfulness* puede disminuir los niveles de cortisol, la hormona del estrés, y aumentar los niveles de serotonina, promoviendo un estado de calma y bienestar general. Los participantes de programas de *mindfulness* reportan tener una mejor calidad del sueño, mayor claridad mental y un mejor manejo de las emociones, lo que les permite afrontar los desafíos de forma más efectiva.

Además de sus beneficios psicológicos, el *mindfulness* también tiene impactos positivos a nivel físico. Se ha encontrado que **mejora la regulación del sistema inmune,** reduce la presión arterial y apoya el control del dolor crónico.

En el ámbito laboral, el *mindfulness* es una herramienta invaluable para la gestión del estrés y el aumento de la concentración y la creatividad. Algunas empresas han comenzado a implementar programas de *mindfulness* en su rutina para fomentar un entorno de trabajo más saludable y productivo.

RECUERDA

Para implementar el *mindfulness* en tu vida diaria, se recomienda comenzar con pequeñas dosis diarias. Puede ser tan simple como dedicar cinco minutos a enfocarse en la respiración, sintiendo la entrada y salida de aire en los pulmones.

La mente tiene la tendencia a divagar. Es natural que pensamientos intrusivos o emociones complejas aparezcan. En lugar de juzgarse a sí mismo por perder la atención, se debe practicar la autocompasión y redirigir suavemente la atención hacia el objeto de enfoque original, ya sea la respiración u otra ancla meditativa.

A medida que profundizamos en el arte del *mindfulness,* se nos da la oportunidad de cambiar nuestra relación con el estrés y las presiones diarias. No prometiendo eliminar el estrés ni cambiar radicalmente las circunstancias externas, el *mindfulness* ofrece una **forma alternativa de estar con esos**

elementos, disminuyendo su impacto negativo. La atención plena arraigada en el momento presente proporciona una nueva forma de equilibrio y bienestar, fomentando una vida más consciente, serena y significativa.

 TAREA 4

Javier es gerente de ventas y trabaja en una empresa multinacional. Sus responsabilidades incluyen supervisar equipos, alcanzar objetivos trimestrales y gestionar conflictos entre clientes y colegas. Durante las últimas semanas, ha experimentado altos niveles de estrés, dificultad para dormir y falta de concentración en reuniones importantes.

Javier decide participar en un programa de *mindfulness* que ofrece su empresa para aprender a manejar mejor su estrés y mejorar su bienestar general. Durante las primeras sesiones, practica la técnica de la respiración consciente. Dedica cinco minutos al día a enfocarse en la sensación del aire entrando y saliendo de sus pulmones. También aprende el escaneo corporal, que realiza cada noche antes de dormir para relajar su mente y cuerpo.

1. Explica cómo las prácticas de respiración consciente y escaneo corporal pueden ayudar a Javier a reducir su nivel de estrés y mejorar su descanso.
2. Identifica al menos dos beneficios adicionales que podría experimentar Javier al incorporar el *mindfulness* en su rutina laboral.

4. Resumen

La **relajación progresiva,** desarrollada por Edmund Jacobson, alivia la tensión muscular acumulada mediante la contracción y relajación secuencial de distintos grupos musculares.

Sus **beneficios** son:

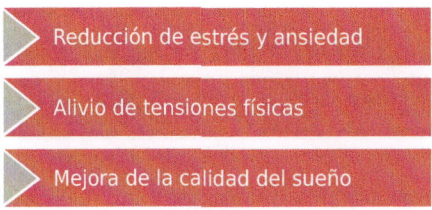

Reducción de estrés y ansiedad

Alivio de tensiones físicas

Mejora de la calidad del sueño

El **entrenamiento autógeno de Schultz** es una técnica basada en la auto-sugestión y la regulación de funciones corporales, como la respiración y el ritmo cardíaco.

Sus **principios** son:

Inducción de calma mediante frases autoafirmativas	Regulación del sistema nervioso autónomo para reducir la activación del estrés

Sus **beneficios** son:

➲ Disminución de cortisol (hormona del estrés).
➲ Mejora de trastornos, como dolores de cabeza y trastornos del sueño.

Esta técnica requiere práctica constante. Es ideal para entornos laborales, ya que no demanda un espacio completamente tranquilo.

El *mindfulness* consiste en enfocarse en el momento presente, observando pensamientos y emociones sin juicio. Tiene distintos beneficios:

Beneficios psicológicos
 - Reducción de niveles de cortisol, mejora en la claridad mental y la regulación emocional.

Beneficios físicos
 - Fortalecimiento del sistema inmunológico, disminución de la presión arterial.

Sus **aplicaciones prácticas** son:

Integración en la rutina laboral
- Practicar técnicas breves durante descansos o antes de dormir, incorporar *mindfulness* en actividades cotidianas para fomentar concentración y calma.

Enfoque organizacional
- Las empresas implementan programas de *mindfulness* para mejorar el bienestar y la productividad del equipo.

El uso de técnicas de relajación y *mindfulness* es una solución efectiva para manejar el estrés en un entorno laboral. Estas prácticas, cuando se integran en la rutina diaria, no solo contribuyen al bienestar individual, sino que también impactan positivamente en la dinámica organizacional, promoviendo un equilibrio saludable entre las demandas laborales y personales.

Ejercicios de autoevaluación
Unidad de Aprendizaje 3

1. **¿Cuál es el principio fundamental de la relajación progresiva de Jacobson?**

   a. Mantener la tensión muscular para mejorar el rendimiento.
   b. Alternar entre contracción y relajación de grupos musculares para reducir la tensión.
   c. Controlar la respiración para relajar la mente.
   d. Repetir frases autocompasivas para inducir calma.

2. **¿Qué técnica utiliza la autosugestión como base para alcanzar un estado de relajación profunda?**

   a. Relajación progresiva
   b. Entrenamiento autógeno de Schultz
   c. Escaneo corporal
   d. Meditación consciente

3. **¿Qué beneficios específicos puede ofrecer el *mindfulness* en el ámbito laboral?**

   a. Aumenta la capacidad de trabajar sin descanso.
   b. Mejora la concentración y reduce el estrés percibido.
   c. Elimina por completo el estrés de la vida laboral.
   d. Sustituye la necesidad de retroalimentación profesional.

4. **¿Qué práctica es fundamental en el *mindfulness* para anclarse al momento presente?**

   a. Repetir mantras complejos.
   b. Evitar pensamientos intrusivos.
   c. Mantenerse activo físicamente.
   d. Focalizarse en la respiración consciente.

5. Indica si la siguiente oración es verdadera o falsa: "La relajación progresiva de Jacobson requiere un lugar totalmente aislado y sin distracciones".

- ■ Verdadero
- ■ Falso

6. ¿Qué efectos tienen las técnicas de *mindfulness* sobre el sistema inmune y la presión arterial?

   a. No tienen efectos comprobados en la fisiología.
   b. Mejoran la regulación del sistema inmune y reducen la presión arterial.
   c. Incrementan la actividad del sistema inmune y elevan la presión arterial.
   d. Mantienen constantes las funciones del sistema inmune.

7. ¿Qué enfoque utiliza el escaneo corporal para fomentar la relajación?

   a. Identificar tensiones físicas y dirigir la atención para liberarlas.
   b. Practicar autosugestión para crear una sensación de calor.
   c. Contraer los músculos y relajarlos inmediatamente.
   d. Evitar el pensamiento consciente durante su práctica.

8. El entrenamiento autógeno de Schultz busca inducir calma mediante...

   a. ... autosugestión y control mental.
   b. ... contracción y relajación de músculos.
   c. ... respiración controlada y escaneo corporal.
   d. ... movimientos físicos repetitivos.

9. ¿Qué impacto tiene el cortisol, la hormona del estrés, en el cuerpo cuando se reduce mediante *mindfulness*?

   a. Aumenta la fatiga crónica.
   b. Promueve un estado de calma y claridad mental.
   c. Disminuye la inmunidad.
   d. Incrementa los niveles de ansiedad.

10. **¿Qué recomendaciones son esenciales para implementar *mindfulness* en la vida diaria?**

   a. Realizar sesiones prolongadas desde el inicio.
   b. Evitar el contacto con otras personas durante la práctica.
   c. Practicar con paciencia y autocompasión, comenzando con ejercicios cortos.
   d. Reducir todas las actividades laborales antes de iniciarlo.

Glosario

Activación
Estado de alerta o excitación fisiológica y psicológica en respuesta a un estímulo. Está relacionado con el rendimiento, siguiendo la Ley de Yerkes-Dodson.

Ansiedad
Estado emocional caracterizado por preocupación excesiva, tensión y síntomas físicos como sudoración o taquicardia. A menudo se confunde con el estrés, pero tiene causas y manifestaciones diferentes.

***Burnout* (síndrome de desgaste profesional)**
Condición causada por el estrés laboral crónico, caracterizada por agotamiento emocional, despersonalización y baja realización personal.

Distrés
Forma negativa de estrés que afecta a la salud física, emocional y mental, y reduce el rendimiento.

Eustrés
Forma positiva de estrés que actúa como motivador y mejora el rendimiento.

Estrés
Respuesta fisiológica y psicológica ante demandas o presiones del entorno que superan la capacidad percibida de afrontarlas. Puede ser positivo (eustrés) o negativo (distrés).

Estrés laboral
Estrés específico relacionado con el entorno de trabajo, generado por estresores como cargas excesivas, conflictos interpersonales o falta de control sobre las tareas.

Estresores
Factores externos o internos que provocan una respuesta de estrés.

Ley de Yerkes-Dodson
Teoría que describe la relación entre activación y rendimiento. Indica que niveles moderados de estrés mejoran el desempeño, pero niveles demasiado bajos o altos lo reducen.

Mindfulness
Técnica de atención plena que consiste en enfocarse en el presente sin juzgarlo. Se utiliza para gestionar el estrés y mejorar la concentración.

Relajación progresiva de Jacobson
Técnica de relajación que implica tensar y relajar distintos grupos musculares para reducir el estrés físico y mental.

Síndrome de agotamiento
Término sinónimo a *burnout*. Describe el estado de desgaste emocional, físico y mental derivado del estrés crónico.

Técnicas de relajación
Conjunto de estrategias destinadas a reducir la tensión física y mental.

Trabajo bajo presión
Entorno laboral que exige respuestas rápidas y eficientes frente a demandas altas, plazos estrictos o situaciones de alta responsabilidad.

Bibliografía

Monografías

→ CAPRI, J. y DÍAZ, C.: *Sin preocupaciones con Epicteto.* Madrid: Diana Editorial, 2024.

   Este libro adapta las enseñanzas del filósofo estoico Epicteto al contexto moderno, ofreciendo reflexiones y consejos prácticos para cultivar la serenidad y la libertad interior, ayudando al lector a manejar preocupaciones y estrés en la vida diaria.

→ ROJAS, E.: *Cómo superar la ansiedad.* Madrid: Espasa, 2014.

   El Dr. Enrique Rojas ofrece una visión integral de la ansiedad, sus causas y manifestaciones. Proporciona herramientas prácticas para su manejo, incluyendo técnicas de relajación y cambios en el estilo de vida.

→ TOLLE, E.: *El poder del ahora.* Madrid: Gaia Ediciones, 2007.

   Este libro enseña la importancia de vivir en el presente para reducir el estrés y la ansiedad. A través de prácticas de atención plena, el autor guía al lector hacia una mayor conciencia y paz interior.

Textos electrónicos, bases de datos y programas informáticos

→ Diferencias entre el eustrés y el distrés, de:
   <https://www.metacontratas.com/diferencias-entre-el-eustres-y-el-distres/>.

   Este artículo explica que el eustrés es un tipo de estrés positivo que nos motiva y ayuda a enfrentarnos a los desafíos cotidianos, mientras que el distrés es un estrés negativo que puede afectar a nuestra salud mental y física.

→ El estrés y su salud, de:
   <https://medlineplus.gov/spanish/ency/article/003211.htm>.

   Este recurso detalla cómo el estrés afecta al cuerpo, los síntomas comunes, y ofrece estrategias para manejarlo, como técnicas de relajación y cambios en el estilo de vida.

→ Entrenamiento autógeno de Schultz: instrucciones (autorrelajación concentrativa), de:
<https://www.efdeportes.com/efd73/schultz.htm>.

> Este artículo proporciona instrucciones sobre el entrenamiento autógeno de Schultz, una técnica de autorrelajación que utiliza la concentración para inducir sensaciones de calma y reducir el estrés.

→ Estrés laboral, de:
<https://www.insst.es/materias/riesgos/riesgos-psicosociales/estres-laboral>.

> Este documento aborda los riesgos psicosociales asociados al estrés en el entorno laboral, sus causas, consecuencias y medidas preventivas para mejorar la salud ocupacional.

→ Estrés vs. ansiedad: Cómo identificar la diferencia, de:
<https://www.medicalnewstoday.com/articles/es/estres-y-ansiedad>.

> Este artículo ayuda a distinguir entre estrés y ansiedad. Describe sus síntomas específicos y ofrece consejos para manejarlos adecuadamente.

→ Eustrés y distrés, de:
<https://www.psiquiatrazaragoza.net/blog/eustres-y-distres>.

> Este recurso profundiza en las diferencias entre eustrés y distrés. Destaca cómo el primero puede ser beneficioso y el segundo perjudicial para la salud.

→ La ley de Yerkes-Dodson: la relación entre el rendimiento y la motivación, de:
<https://lamenteesmaravillosa.com/la-ley-de-yerkes-dodson-la-relacion-entre-el-rendimiento-y-la-motivacion/>.

> Este artículo explica cómo la relación entre la excitación y el rendimiento se representa en una curva. Indica que niveles moderados de excitación pueden mejorar el rendimiento, mientras que niveles muy bajos o muy altos pueden disminuirlo.

→ La técnica de relajación muscular progresiva de Jacobson paso a paso, de:
<https://blog.fpmaragall.org/relajacion-progresiva-jacobson>.

> Este recurso ofrece una guía detallada sobre cómo practicar la relajación muscular progresiva de Jacobson, una técnica que ayuda a reducir la tensión muscular y el estrés.

→ Ley de Yerkes y Dodson, de:
<https://es.scribd.com/document/224260224/Ley-de-Yerkes-y-Dodson>.

> Este documento profundiza en la ley de Yerkes-Dodson. Analiza cómo diferentes niveles de excitación afectan el rendimiento en diversas tareas.

→ *Mindfulness: ¿qué es?,* de:
<https://www.deustosalud.com/cursos/bienestar/crecimiento-personal-profesional/curso-mindfulness/que-es>.

> Este artículo define el *mindfulness* como la práctica de la atención plena en el presente. Detalla sus objetivos y beneficios para la salud mental y emocional.

→ Síndrome de *burnout* de:
<https://cuidateplus.marca.com/enfermedades/psicologicas/sindrome-burnout.html>.

> Este recurso describe el síndrome de *burnout,* sus síntomas, causas, y ofrece estrategias para su prevención y tratamiento.

→ Síntomas del síndrome de *burnout:* ¿cómo identificarlo?, de:
<https://www.quironprevencion.com/blogs/es/prevenidos/sintomas-sindrome-burnout-identificarlo>.

> Este artículo detalla los síntomas del síndrome de *burnout,* cómo reconocerlos, y la importancia de abordarlos para prevenir consecuencias graves.

→ Superar el estrés laboral, de:
<https://medlineplus.gov/spanish/ency/patientinstructions/000884.htm>.

> Este recurso ofrece consejos prácticos para manejar y reducir el estrés en el entorno laboral, promoviendo una mejor salud y bienestar.